Sprach*freunde* 4

Ausgabe Süd

Ein Sprachbuch
für die Grundschule

Erarbeitet von
Katharina Förster
Solveig Haugwitz
Kathrin Knutas
Karin Kühne
Peter Sonnenburg
und der Verlagsredaktion

VOLK UND WISSEN

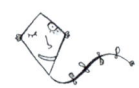
 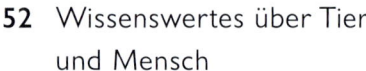

Strategieseiten

Blaue Seiten

Freundeseiten

In der Schule

In der Nacht ist bei mir Ruh',
Fenster, Türen – alles zu.
Doch am Morgen werd' ich wach.
Was ist das denn für ein Krach?
Kinderlachen, Rechnen, Singen
hör ich durch die Räume klingen.
Quicklebendig geht's hier zu.
In der Nacht ist wieder Ruh'.

Was gefällt dir an deiner Schule ganz besonders gut?
Was würdest du gern verändern?

Traumschule – Schule verändern

 1 Überlegt gemeinsam, wie ihr euch eure Traumschule vorstellt!

 2 Notiert in Stichpunkten, was ihr in eurer Schule gerne verändern würdet! Schreibt eure Ideen gut lesbar auf Karten!

 3 Wählt zwei Vorschläge aus jeder Gruppe aus und stellt sie vor!

 4 Welche Vorschläge lassen sich umsetzen? Diskutiert darüber!

5 Male deine Traumschule oder baue ein Modell davon! Du kannst auch dazu schreiben.

Fragen und Wünsche formulieren, diskutieren; eigene Vorstellungen entwickeln und gestaltend ausdrücken

AH S.3

Briefe schreiben

1 Lies den Brief der Klasse 4a an die Schulleiterin Frau Müller!
Was fällt dir auf?

Liebe Frau Müller,   Prenzlau, 3.9.20…

unsere Klasse hat sich mit Ideen für eine Traumschule beschäftigt.
Jetzt haben wir eine Frage an Sie:
Eine Gruppe hatte die Idee, in dem alten Lehrerzimmer eine Schulbibliothek
einzurichten. Unsere Eltern haben uns schon ihre Unterstützung zugesagt.
Sie wollen uns Regale und Bücher überlassen. Dürfen wir sie dort
aufstellen? Wir würden uns sehr freuen, wenn Sie Zeit fänden,
mit uns über unsere Idee zu sprechen.

Viele Grüße
Ihre Klasse 4a

> **Sie** oder **sie**?
> **Ihre** oder **ihre**?
> Was ist richtig
> und warum?

  2 Schreibe einen Aufruf oder Brief!
Denke an die höfliche Anrede!

⚀ Schreibe den Aufruf an die Eltern
vollständig ab! Setze **Sie/sie**,
Ihre/ihre richtig ein!

⚁ Schreibe einen Brief an den Hausmeister
und bitte ihn um Hilfe beim Aufbau
der Bücherregale!

⚂ Schreibe und gestalte einen Brief oder
Aufruf an Personen, die bei der
Umsetzung weiterer Ideen helfen können!

Sehr geehrte Eltern,

wir von der Klasse 4a
sammeln Bücher für die
Schulbibliothek.
Bitte unterstützen …
uns dabei!
Legen … Bücher, die …
uns überlassen wollen,
in die Kisten, die wir
dafür vor … Häusern
hingestellt haben! Wir
holen … am Freitag ab.
Wir bedanken uns für
… Hilfe.

… Klasse 4a

Auf Karten und Briefen werden die **Anredepronomen**   **MERKE DIR**
Sie, Ihrer, Ihnen, Ihr, Ihre immer großgeschrieben.
*Wir bitten **Sie** um **Ihre** Hilfe. Ich wünsche **Ihnen** ein schönes Wochenende!*

Früher war alles anders

1 Lies den Text aus dem Museumsführer!
Was findest du besonders interessant?

Schule um 1900

Das neue Schuljahr begann immer nach Ostern.
In eine Klasse gingen oft mehr als 60 Kinder.
Betrat der Lehrer den Klassenraum, standen alle
Schüler auf und zeigten ihre sauberen Hände
und Taschentücher. Jeden Befehl des Lehrers
führten sie geräuschlos aus.
Die Lehrer waren sehr streng. Unartige Kinder schlugen sie
mit dem Rohrstock oder stellten sie in eine Ecke.
Zuerst schrieben die Schüler mit Griffeln auf Schiefertafeln.
Mit einem Schwämmchen löschten sie Falsches.
Antworten auf die Fragen des Lehrers gaben die Kinder im Chor.

2 Schreibe fünf Unterschiede zur Schule heute auf!
Nutze dazu den Text im Museumsführer!

Früher **war** es so:	Heute **ist** es so:
Das Schuljahr begann …	*Das Schuljahr beginnt …*

3 Schreibe die Verbformen aus deinen Sätzen so auf:

Präteritum	Präsens	Grundform
es begann	*es beginnt*	*beginnen*
…	…	…

4 Erkundige dich bei deinen Eltern oder Großeltern über ihre Schulzeit!
Du kannst auch bei **www.fragfinn.de** als Suchwörter **Schule früher**
eingeben. Schreibe Sätze im Präteritum auf!

Verben können in verschiedenen **Zeitformen** stehen.   **MERKE DIR**
Präsens: *Das Schuljahr **beginnt**.* → Gegenwart
Präteritum: *Das Schuljahr **begann**.* → Vergangenheit

Zeitformen von Verben wiederholen (Präsens, Präteritum);
Informationen aus einem Text entnehmen   **AH** S.5

5 Lies, was Paul seiner Mutter vom Besuch im Schulmuseum erzählt!

Der Museumsführer hat uns alles gezeigt.
Zuerst haben wir das alte Klassenzimmer besichtigt.
Auf dem Pult hat noch ein Rohrstock gelegen.
Wir haben die alten Holzbänke ausprobiert.

 6 Schreibe die farbigen Verbformen heraus!
Was fällt dir auf?
Schreibe so: *er hat gezeigt, wir ...*

Das
ist perfekt
gewesen!

 7 Eric erzählt weiter. Setze die Verbformen im Perfekt ein!

„Später sind wir in die Wohnung des Lehrers gegangen.
Er (haben) in der Schule (wohnen).
Auf dem Tisch (haben) noch eine Schiefertafel (liegen).
Manchen Schülern (haben) der Lehrer Nachhilfe (geben).
Sie (haben) ihre Aufgaben sehr sauber auf die Tafeln (schreiben).
Bei Fehlern (haben) der Lehrer sie hart (bestrafen)."

 8 Setze die Verben aus Aufgabe 7 in das Präsens und das Präteritum!
Schreibe so: *wir sind gegangen, wir gehen, wir gingen, ...*

 9 Was habt ihr in den letzten Tagen oder Wochen
in der Schule erlebt? Erzählt einander davon!
Verwendet das Perfekt!

Wenn wir über etwas **Vergangenes mündlich
erzählen**, verwenden wir oft das **Perfekt**.   **MERKE DIR**
Das Perfekt ist eine **Zeitform des Verbs**. Es besteht **aus zwei Teilen**:
der Personalform von **haben** oder **sein** und dem Verb, meistens mit
dem Wortbaustein **ge-**: *Er hat gelernt. Er ist gegangen.*

haben		oder	**sein**	
ich habe	wir haben		ich bin	wir sind
du hast	ihr habt		du bist	ihr seid
er, sie, es hat	sie haben		er, sie, es ist	sie sind

Einen Text abschreiben

1 **Sieh** dir den Text **an**!
- Hat der Text eine **Überschrift**?
- Gibt es einen **Verfasser**?
- Ist der Text in **Absätze** gegliedert?

Schule um 1900
Ein Lehrer der alten Schule vermittelte Respekt und Gehorsam. Die Schülerinnen und Schüler mussten sagen:
„Jawohl, Herr Lehrer.“

2 Lies den gesamten Text **genau** durch!
- Sprich **schwierige Wörter** in Silben!
- **Markiere oder merke dir** Stolperstellen!
- Lies diese Wörter noch einmal und **präge dir die Schreibweise ein**!

Schule um 1900
Ein Lehrer der alten Schule vermittelte ==Respekt== und Gehorsam. Die Schülerinnen und Schüler mussten sagen:
„Jawohl, Herr Lehrer.“

3 **Schreibe** den Text gut lesbar **ab**!
- **Lies kurze Sätze** oder Wortgruppen **noch einmal genau**! Schreibe sie fehlerfrei ab! Achte auf i-Striche, Umlaute, Kommas und Anführungszeichen!
- **Beachte** die **Gliederung** des Textes!

4 **Kontrolliere** deinen Text!
- **Vergleiche** deinen Text Wort für Wort mit der Vorlage!
- **Prüfe** deine Zeichensetzung (Kommas, Punkte am Satzende, …)!

5 **Berichtige** Fehler!
- Streiche falsche Wörter sauber durch und schreibe sie fehlerfrei unter den Text!
- Ergänze fehlende Wörter und Satzzeichen!

✏ **1** Wähle einen Text aus und schreibe ihn sauber und fehlerfrei ab!

einen Text strategisch richtig abschreiben: genau lesen, Schreibweise einprägen, kontrollieren

Ein Gedicht abschreiben

1 **Lies** das Gedicht **genau** durch!
- **Achte auf unbekannte Wörter!** Lies diese Wörter mehrmals und präge dir die Schreibweise ein!
- **Lies** das Gedicht **noch einmal!**

> Also lautet ein Beschluss:
> Dass der Mensch was lernen muss.
> Nicht allein das Abc
> bringt den Menschen in die Höh';
> nicht allein im Schreiben, Lesen
> übt sich ein vernünftig Wesen,
> nicht allein in Rechnungssachen

2 **Sieh** dir **die Gliederung** genau **an!**
- **Überprüfe**, ob du auf deinem Blatt genügend Platz hast!
- **Zähle** die **Zeilen**, die du zum Abschreiben benötigst! Vergiss die leeren Zeilen zwischen den Strophen nicht!

3 **Schreibe** das Gedicht Vers für Vers **ab!**
- **Lies jede Zeile genau**, präge sie dir ein und schreibe sie fehlerfrei ab!
- **Beginne**, genau wie in der Vorlage, immer wieder **eine neue Zeile!**
- **Lass** zwischen jeder Strophe **eine Zeile frei!**
- **Schreibe den Verfasser** des Gedichts **auf** die letzte Zeile!

4 **Kontrolliere** deinen Text **und berichtige** Fehler!
- **Vergleiche** deinen Text Wort für Wort mit der Vorlage!
- **Kontrolliere** besonders genau unbekannte Wörter und Stolperstellen!
- **Schreibe** falsch geschriebene Wörter **richtig!**
- **Ergänze** fehlende Wörter und Satzzeichen!

> soll der Mensch sich Mühe machen.
> Sondern auch der Weisheit Lehren
> muss man mit Vergnügen hören.
>
> Wilhelm Busch (1832–1908)

1 Schreibe ein Gedicht nach der Anleitung ab!
Kontrolliere und berichtige deinen Text!
Du kannst das Gedicht mit passenden Bildern gestalten.

Blaue Seiten

Wörter mit ch

1 Ordne die Substantive, Verben und Adjektive aus der Wörterleiste in eine Tabelle! Achtung! Zwei Wörter passen nicht.

Verben	Substantive	Adjektive
achten	das Fach	einfach
…	…	…

2 Bilde zu allen Substantiven der Wörterleiste die Mehrzahl! Schreibe so: *das Fach – die …*

3 Finde möglichst viele Wörter mit den Wortstämmen **acht** und **wach**! Achte darauf, welche Wörter du großschreiben musst!
acht: achten, die Achtung, …
wach: wachen, die Wache, …

4 Reime weiter!

machen	reich	das Dach	die Fichte	acht	nicht
w…	w…	das F…	die N…	die N…	das L…
die S…	der T…	der Kr…	die Gesch…	er l…	d…

5 Was kannst du tun? auf Ordnung achten

die Burg besichtigen   das Bild betrachten

Schreibe so: *Ich achte … Ich …*

6 Schreibe die Sätze aus Aufgabe 5 im Präteritum auf!
Schreibe so: *Ich achtete … Ich …*

7 Suche die Wörter im Wörterverzeichnis ab Seite 136! Schreibe auf, zwischen welchen Wörtern sie stehen!
einfach, die Woche, schlecht, das Loch, der Nachbar

8 Was ist **wichtig** und was ist **nicht wichtig** für dich?
Schreibe so: *Rechnen ist wichtig für mich. …*

W

achten
besichtigen
betrachten
dicht
einfach
das Fach
die Fläche
das Loch
der Nachbar
nächste
nicht
die Sache
schlecht
wachen
wichtig
wirklich
die Woche

Wörter mit ch richtig schreiben: ich- und ach-Laut erkennen, Wortstamm als Hilfe zur Rechtschreibung nutzen
AH S.7

Adjektive mit Wortbausteinen

W

1 Finde zu den Wörtern die passenden Adjektive
mit **-ig** oder **-lich** in der Wörterleiste!
Schreibe so: *froh – fröhlich, …*

froh, die Ordnung, der Dreck, der Punkt, der Neid,
der Durst, das Glück, die Zukunft, der Nutzen, die Ecke

2 Leite Adjektive von den Substantiven ab!
Schreibe so: *die Medizin – medizinisch, …*

die Medizin, die Mode, Japan, der Betrüger

Auch mit dem Wortbaustein **-isch** kann man Adjektive bilden.

dreckig
durstig
eckig
eigentlich
fröhlich
glücklich
neidisch
nützlich
ordentlich
plötzlich
pünktlich
zukünftig

3 Adjektive können auch die Endungen
-bar, **-los** oder **-sam** haben.

⚀ Ordne die Adjektive in eine Tabelle!

-bar	-sam	-los
…	…	…

⚁ Bilde mit einigen Adjektiven Wortgruppen!
eine sonderbare Geschichte, …

⚂ Schreibe mit den Adjektiven eine kurze spannende Geschichte!

sonderbar, langsam, ahnungslos, wunderbar, seltsam, atemlos,
sprachlos, furchtbar, lautlos, aufmerksam, lesbar, mühsam

4 In jeder Zeile hat sich ein schwarzes Schaf versteckt.
Schreibe es auf!

achten	plötzlich	besichtigen	schreiben
fahren	das Fahrrad	gefahren	wichtig
eigentlich	das Buch	der Nachbar	das Fach

Heute ist kein Unterricht. Die Schüler wollen das Museum
besichtigen. Pünktlich um acht Uhr treffen sie sich
am Bahnhof. Bei herrlichem Sonnenschein fahren sie los.
Hoffentlich wird es ein schöner Tag. Sie betrachten viele
alte Sachen. Erst gegen achtzehn Uhr werden sie wieder daheim sein.

ZUM ÜBEN

Pläne für das 4. Schuljahr

⭐ Bastelt gemeinsam für die Schulanfänger eine Anlauttabelle zum Anfassen!

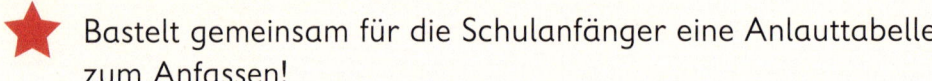

September	Oktober	November	Dezember
Anlauttabelle basteln	HALLOWEEN	Lesenacht	Weihnachtsfeier für...
Januar	**Februar**	**März**	**April**
Winterspiele im Freien	FASCHING	Lernfest mit der 5. Klasse B*!·A⌐=	...

⭐ Was plant ihr für die Klasse? Schreibt eure Vorhaben in einen Kalender! Legt frühzeitig fest, wer wofür verantwortlich ist! Bildet Vorbereitungsteams!

gemeinsam produktionsorientiert arbeiten: eine Anlauttabelle herstellen, einen Klassenkalender erstellen

Im Herbst

Es kommt eine Zeit,
da fragen wir uns:
Was soll denn nur werden?
Die Luft schmeckt
so bitter.
Die Vögel sind
über alle Berge.
Der Nebel macht
die Häuser bleich.
Die kleinen Tiere gehen
unter der Erde spazieren.
Aufs Dach trommeln
Kastanien.
Wir müssen
ins Haus zurück,
da hält uns
der Regen gefangen.

Elisabeth Borchers

Der Herbst verändert die Natur.
Sprich über die Veränderungen!
Wann spricht man vom „goldenen Herbst"?

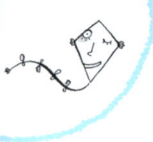

Wie sich die Tiere auf den Winter vorbereiten

1 Was stimmt? Bildet sinnvolle Sätze!

Zugvögel ...   Fische ...   Der Igel ...   Frösche ...   Das Eichhörnchen ...

... hält Winterschlaf.   *... versteckt Nüsse und Samen.*

... suchen sich in Gewässern einen frostsicheren Platz.

... fliegen in den Süden.   *... vergraben sich im Schlamm.*

2 Schreibe die Sätze auf!
Umkreise die Personalform und unterstreiche, **wer** etwas tut!
Zugvögel (fliegen) in den Süden.

3 Erfragt in den Sätzen das Prädikat und das Subjekt!

Viele Vögel verlassen unsere Heimat im Herbst. Sie überwintern
in wärmeren Ländern. Eine große Anzahl überfliegt
das Mittelmeer und die Wüste Sahara.
Kleinere Vogelarten rasten zwischendurch. Große Vögel
überqueren weite Strecken oft ohne Unterbrechung.

Fragt so: **Wer oder was** verlässt unsere Heimat? viele Vögel
Was tun viele Vögel? verlassen

4 Schreibe aus jedem Satz von Aufgabe 3 den Satzkern heraus!
Schreibe so: *viele Vögel verlassen, ..., ...*

Ein **Satz** besteht aus **Satzgliedern**.   **MERKE DIR**
Subjekt und Prädikat bilden den **Satzkern**.
Alle **anderen Satzglieder** sind **Satzergänzungen**.

Die Vögel	*fliegen*	*in den Süden.*
Subjekt	Prädikat	Satzergänzung
Wer oder was?	Was tut?	Wem? Wen oder was?
	Was geschieht?	Wo? Wohin? Wann?

Wiederholung von Subjekt und Prädikat als Satzkern;
Einführung des Begriffs Satzergänzung   **AH** S.10

Das Reh

1 Setze das Substantiv **Reh** in der richtigen Form ein:
das Reh, des Rehs, dem Reh, die Rehe, den Rehen

ist ein scheues Wildtier. Es lebt
in Mischwäldern und in Feldfluren.
Im Sommer ist das Fell rostbraun.
Im Herbst wächst ein dichteres, graubraunes Winterfell.
Im Frühjahr frisst Gräser und frische Blätter. Im Herbst ernährt es
sich von Pilzen, Eicheln, Beeren und Kastanien. Tagsüber ruht sich
im Dickicht aus. Morgens und abends sucht es Futter. Dann kann man
beobachten. In der kälteren Jahreszeit schließen sich zu
größeren Gruppen zusammen. Die Tiere an den Rändern beobachten
das Terrain. Sie geben , die in der Mitte der Gruppe äsen,
unverzüglich Warnsignale, wenn Gefahr droht.

2 Finde heraus, wie du nach fragen kannst!

Wer oder was?   **Wessen?**   **Wem?**   **Wen oder was?**

Wer oder was ist ein scheues Wildtier? – das Reh
Wessen Fell ist im Sommer rostbraun? – das Fell des Rehs

3 Was passt?

⚀ Ergänze den Text mit den Sammelwörtern! Schreibe ihn ab!

⚁ Ergänze den Text mit den Sammelwörtern!
Ordne die Fragen aus Aufgabe 2 zu!
Schreibe so: *Im Herbst fressen sich Wildschweine*
eine Fettschicht an. Wen oder was?

⚂ Stelle die Fragen aus Aufgabe 2 zu den Sammelwörtern!
Schreibe so: *Wen oder was fressen sich … ? eine Fettschicht*

Im Herbst fressen sich Wildschweine … an.
Auch ein Fellwechsel findet statt. … besteht
aus borstigem Deckhaar und sehr feinen,
kurzen Wollhaaren. Der Herbst ist auch die
Paarungszeit … Das Männchen nähert sich …

eine Fettschicht
das Winterfell
des Wildschweins
dem Weibchen

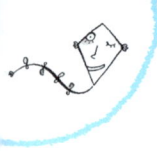

Die Farben des Herbstes

1 Setzt das Substantiv **Herbst** mit Artikel im richtigen Fall ein!

Grauer Herbst

Manche Menschen lieben … Bunt leuchten die Blätter in der Sonne.
Zum Glück sind die Farben … oft wunderschön.
… ist aber auch eine dunkle Jahreszeit.
Im Unterschied zum Sommer ist es oft regnerisch oder stürmisch.
Nicht alle Menschen können daher … etwas abgewinnen.

 2 Bestimme jeweils den Fall von **Herbst**.
Stelle dazu Fragen!
Schreibe so: *Wen oder was lieben manche Menschen? –
den Herbst (4. Fall / Akkusativ)*

3 Lies den Text!

□ Schreibe drei Sätze ab! Markiere Subjekt und Prädikat!
Schreibe so: *Der Herbststurm (weht) kräftig.*

□ Schreibe aus den Sätzen jeweils die Satzkerne heraus!

□ Frage nach mindestens fünf Substantiven im Text!
Schreibe so: *Wer oder was weht kräftig? der Herbststurm
Wen oder was …?*

> Der Herbststurm weht kräftig.
> Viele Bäume verlieren ihre Blätter.
> Den Bäumen bieten die abgefallenen Blätter einen Schutz.
> Die Kälte kann den Bäumen nun nicht schaden.
> Die Winterruhe der Natur beginnt.

Substantive können im Satz in vier Fällen stehen.　　**MERKE DIR**
Nach jedem Fall kann man fragen:
1. Fall (Nominativ) → **Wer oder was …?** 　*der Herbst*
2. Fall (Genitiv) → **Wessen …?** 　*des Herbstes*
3. Fall (Dativ) → **Wem …?** 　*dem Herbst*
4. Fall (Akkusativ) → **Wen oder was …?** 　*den Herbst*

Leuchtender Herbst

1 Lies den Text!

Im Oktober bereiten sich auch die Laubbäume auf
die Winterruhe vor. Sie zeigen sich in herrlichen Farben.
Die Buchen hatten bis vor kurzer Zeit noch mattes grünes Laub.
Jetzt leuchten die Blätter kupferrot.
Das Eichenblatt färbt sich rostrot. Die Blätter der Kastanie
und der Birke schimmern goldgelb. Das Ahornlaub
hat auf seiner Blattfläche feuerrote Tupfen.

2 Welche Bedeutung haben die Farben der Blätter im Text?
Schreibe so: *kupferrot – so rot wie Kupfer, …*

3 Erklärt, was die zusammengesetzten Adjektive im Text bewirken!

4 Farbenprächtige Adjektive

⚀ Bezeichne die Farben **Grün**, **Gelb**, und **Rot** genauer!
Bilde dazu zusammengesetzte Adjektive mit passenden Substantiven!
Die Bilder helfen dir.
Schreibe so: *so grün wie Moos – moosgrün*

⚁ Schreibe Sätze zu dem Bild!
Verwende passende Adjektive!

⚂ Schreibe eine „farbenprächtige" Geschichte!
*Ich lag auf einer 🌿 grünen Wiese.
Als ich meine Augen schloss, tippte mir
ein 🌿 grünes Männchen auf die Schulter und …*

Einen Text am Computer berichtigen

Berichtige Fehler in einem Text, bevor du ihn veröffentlichst!

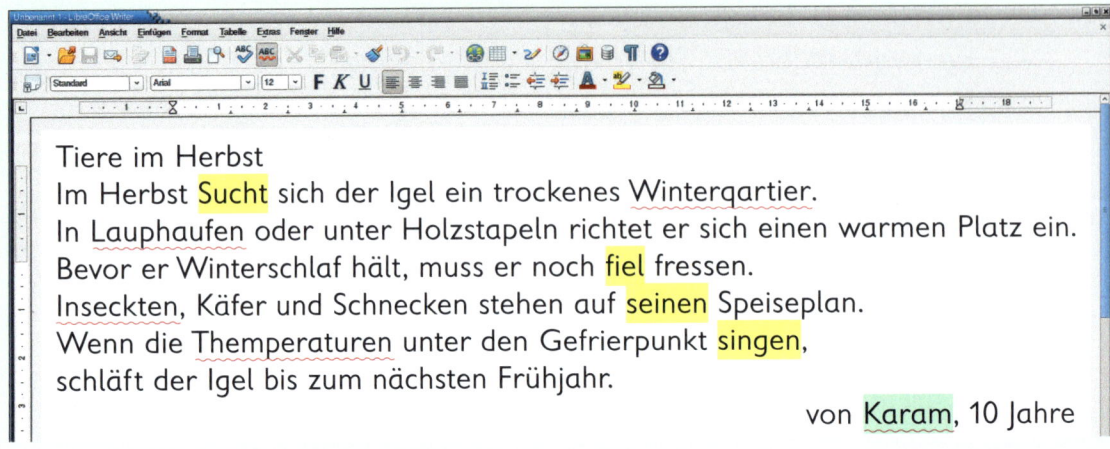

Tiere im Herbst
Im Herbst Sucht sich der Igel ein trockenes Winterqartier.
In Lauphaufen oder unter Holzstapeln richtet er sich einen warmen Platz ein.
Bevor er Winterschlaf hält, muss er noch fiel fressen.
Inseckten, Käfer und Schnecken stehen auf seinen Speiseplan.
Wenn die Themperaturen unter den Gefrierpunkt singen,
schläft der Igel bis zum nächsten Frühjahr.

von Karam, 10 Jahre

Kontrolliere Wörter, die das Programm mit einer roten Wellenlinie markiert hat!

- **Klicke** mit der rechten Maustaste das Wort **an**!
- **Überprüfe** das Angebot!
- **Klicke** das richtige Wort **mit der linken Maustaste an**! Es ist dann in deinem Text berichtigt.
- Wenn du im Angebot nichts findest, schlage im Wörterbuch nach!

ein trockenes Winterqartier.

> **Winterquartier**
> **Winterquartiere**
> **Winterquartiers**
> Ignorieren
> Alle Ignorieren
> Hinzufügen zum
> Wörterbuch

Achtung, Falle!
Der Computer erkennt nicht alle Fehler.
Zeile 2: richtig: **s**ucht (Sucht ist ein Substantiv)
Zeile 4: richtig: **vi**el (fiel kommt von fallen)
Zeile 5: richtig: auf seine**m** Speiseplan
(seinen = 4. Fall, Akkusativ)
Zeile 6: richtig: sin**k**en (aber: ein Lied singen)

Achtung, Ausnahme!
Der Computer markiert auch Wörter, die er nicht kennt, z.B. Namen oder Wörter aus anderen Sprachen.
- Überprüfe jedes Wort!

---

1 Schreibe selbst einen kurzen Text am Computer! Kontrolliere und berichtige ihn!

einen Text am Computer korrigieren; eine Sensibilität für Fehler entwickeln

Einen Text am Computer gliedern und gestalten

1 Schreibe aus dem Text von der linken Seite Stichpunkte mit dem Computer auf!

Wähle **Schriftart**, **Schriftgröße** und **Schriftfarbe**!

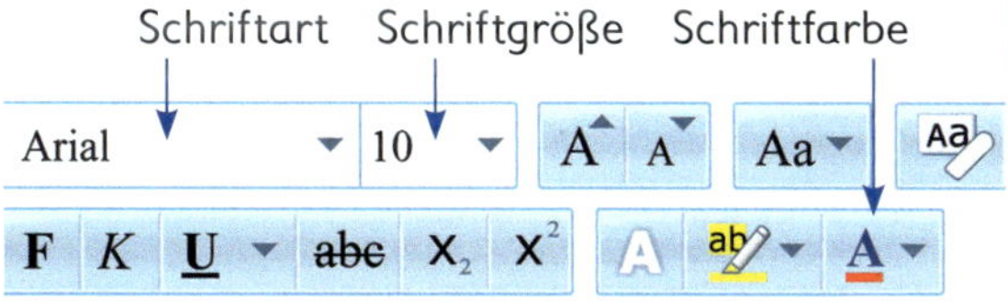

Schriftart   Schriftgröße   Schriftfarbe

| Arial | ▼ | 10 | ▼ | A | A | Aa ▼ | Aa |
| F | K | U | ▼ | abc | X$_2$ | X^2 | A | ab ▼ | A ▼ |

Hebe die Überschrift hervor:
fett oder *kursiv*
oder <u>unterstrichen</u>!

| F | K | U | ▼ |

<u>Tiere im Herbst</u>

Bilder gehören dem, der sie gemacht hat. Notiere für jedes Bild, wo du es gefunden hast!
Gib den Link der Seite an!
Nenne den Namen des Fotografen!

Füge **Bilder** aus dem Internet ein!

Klicke mit der linken Maustaste auf ein passendes Bild!

Halte die Maustaste gedrückt!

Ziehe das Bild in deine Datei an die richtige Stelle!

Ändere die Größe des Bildes!

Schreibe **Stichpunkte** auf!

Klicke mit der linken Maustaste auf die Aufzählungszeichen!

Wähle ein Zeichen aus!

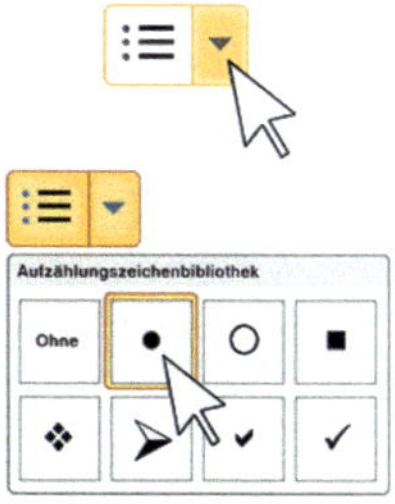

Aufzählungszeichenbibliothek
Ohne

Schreibe den ersten Stichpunkt auf! Drücke ⏎!

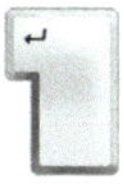

Das nächste Aufzählungszeichen erscheint.

<u>Tiere im Herbst</u>
• Igel sucht Winterquartier
• Laubhaufen, Holzstapel
•

Speichere deinen Text!

Klicke auf den Reiter Datei!

Datei

Wähle:
Speichern unter

Datei
💾 Speichern
Speichern unter

Gib deiner Datei einen passenden Namen!

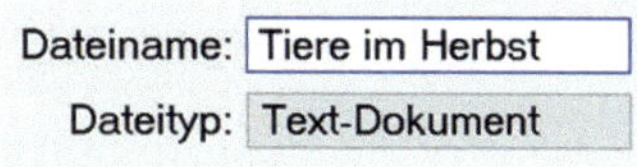

| Dateiname: | Tiere im Herbst |
| Dateityp: | Text-Dokument |

Wähle einen Speicherort für deine Datei!

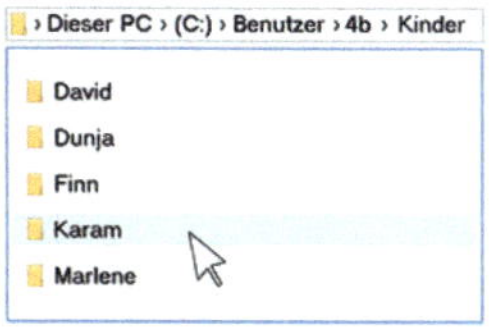

› Dieser PC › (C:) › Benutzer › 4b › Kinder
David
Dunja
Finn
Karam
Marlene

---

einen Text am Computer gestalten: Bilder einsetzen, Dateien speichern
einen verantwortungsvollen Umgang mit Bildrechten üben (Quellen benennen)

21

Doppelte Mitlaute (Konsonanten)

1 Bilde von den Substantiven der Wörterleiste die Mehrzahl! Achtung! Bei einem Substantiv gibt es keine Mehrzahlform.
Schreibe so: *das Bett – die Betten, …*

2 Finde Reimwörter!

das Bett	der Kuss
das F…	die N…
n…	der Schl…

W

*beginnen
besser
das Bett
das Fett
der Gott
herstellen
interessant
der Kompass
der Kuss
der Müll
die Nuss
das Programm*

3 Setze **beginnen** in der richtigen Form ein!
Der Herbst … im September.
Wir … mit dem Unterricht.
Ich … ein neues Buch.

> Doppelte Mitlaute stehen nur nach einem kurzen, betonten Selbstlaut.

4 Was kann **interessant** oder **besser** sein?
Setze die Wörter sinnvoll ein und finde eigene Beispiele!
eine … Aufgabe, eine … Zensur, ein … Buch,
ein … Film, ein … Wetter, ein …

5 Wähle immer ein Substantiv aus der Wörterleiste und setze es als Brückenwort ein!
der Kugelkompass – die Kompassnadel

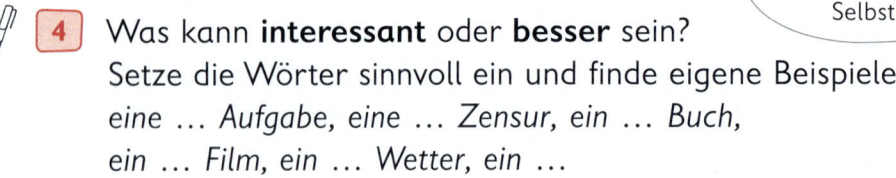

KUGEL NADEL   REST EIMER

HASEL KUCHEN   FEDER WÄSCHE

6 Trenne die Wörter in Silben!
herstellen, besser, das Federbett, göttlich,
die Kompassnadel, der Mülleimer, das Programm

> Ich be-gin-ne, aber er be-ginnt.

7 Finde Wörter aus der Wortfamilie!
herstellen, die H…, wir … …, sie haben …, …

Wörter mit Sch/sch

W

erschrecken
geschehen
die Maschine
rasch
schalten
der Schatten
überraschen
unterscheiden
waschen
wünschen

1 Setze **geschah**, **geschehen**, **geschieht** richtig ein!

Was ist …? Es … jeden Tag. Es … gestern Abend.

2 Ordne die Wortfamilien!
Finde selbst noch jeweils zwei Beispiele!

der Schatten, er wäscht, der Schreck,
die Waschmaschine, schattig, ich erschrecke,
das Schattenspiel, ungewaschen, schrecklich

3 Finde die passenden Substantive zu den Verben!
Nutze das Wörterbuch!

erschrecken – der Schreck   schalten – der …
überraschen – die …   unterscheiden – der …
waschen – die …   wünschen – der …

Der Wortstamm hilft dir!

4 Finde die Wörter mit **sch** im Wörterverzeichnis ab Seite 136!

der G▉▉▉▉▉▉▉▉   D▉▉▉▉▉▉▉▉▉

das G▉▉▉▉▉▉   der M▉▉▉▉▉   der Q▉▉▉▉▉▉

5 Bilde Aufforderungssätze mit **rasch**, **schnell** oder **geschwind**!
Schreibe so: *Hole rasch das Buch! …*

ein Buch holen, die Hände waschen, den Schrank öffnen,
die Aufgabe beenden, zum Bäcker laufen,
den Saft austrinken, die Maschine ausschalten

Herbstwanderung
Ella und Sascha planen für die Klasse einen Wandertag.
Sie wollen die anderen Kinder überraschen.
Zuerst teilen sie verschiedene Gruppen ein.
Die Mädchen laufen mit dem Kompass am Wald entlang.
Die Jungen müssen auf ihrem Weg interessante Maschinen entdecken.
Ziel ist der alte Nussbaum am Markt.
Wer wird schneller sein?

ZUM ÜBEN

Freundeseite

Tipps für ein Gruselfest

Roter Fliegensaft
Kirschsaft in eine durchsichtige Flasche füllen. Das Etikett beschriften.

Gelber Glibbersaft

2 bis 3 Bananen schälen. Zusammen mit 1 l Milch im Mixer zerkleinern. Mit Honig und Zitronensaft würzen und alles in einen durchsichtigen Behälter füllen und beschriften.

Lebensmittelechte Einmalhandschuhe auswaschen, kalt ausspülen und mit warmer (nicht heißer!) Götterspeise füllen. Die Handschuhe zubinden und kalt stellen. Wenn die Götterspeise fest ist, die Handschuhe vorsichtig aufschneiden.

★ Probiert die Rezepte für ein Gruselfest aus!

1 beide Enden einer Kartoffel abschneiden 	**3** Kartoffel an einem Ende aushöhlen 
2 Zitronensaft einfüllen 	**4** Holzstäbchen eintauchen und eine Gruselbotschaft schreiben 

★ Stelle Monstertinte her! Schreibe damit geheime Botschaften an deine Freunde!

Ich rate dir, das Papier zu bügeln.

produktionsorientiert gemeinsam arbeiten: ein Rezept/eine Handlungsanweisung lesen und ausprobieren

Meine Wünsche und Träume

Wünsche wie die Wolken sind,
schiffen durch die dunklen Räume.
Wer erkennt im lauen Wind,
ob's Gedanken oder Träume?

Joseph von Eichendorff

Was ist euer Lieblingsort zum Träumen?
Welche Träume habt ihr?

Mein Wunschberuf

1 Lies die Texte der Kinder! Was meinst du dazu?

Wenn ich groß bin, werde ich Koch. Dann kann ich jeden Tag leckere Mahlzeiten essen.

Ich spiele, singe und bastele gern mit kleinen Kindern. Wenn ich erwachsen bin, möchte ich deshalb Erzieherin werden.

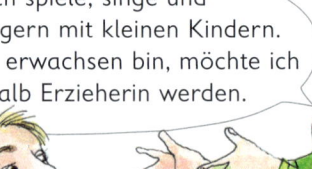

Ich will Tierärztin werden. Ich werde kranken Tieren helfen, wieder gesund zu werden. Und ich werde dafür kämpfen, dass die Menschen keine Tiere mehr töten.

In 10 Jahren werde ich ein Fußballstar sein. Bei der Weltmeisterschaft werde ich für meine Mannschaft viele Tore schießen.

 2 Welche Wörter in den Texten zeigen dir, dass die Kinder über Zukünftiges sprechen?

 3 Setze die Verbformen in den Text ein!
Markiere immer beide Teile des Verbs!
Wenn ich groß bin, werde ich eine Ausbildung zum Piloten machen.

Wenn ich groß bin … ich eine Ausbildung zum Piloten … werde machen

Ich … dann mit einem riesigen Flugzeug durch die Welt … werde fliegen

Ich will Polizistin werden. Dann … ich …, werde aufpassen
dass es nicht mehr so viele Verkehrsunfälle gibt.

Nach der Schule … ich zur Musikschule … . werde gehen
Dort … ich Gesangsunterricht … werde nehmen

 4 Schreibe auf, was du machen möchtest, wenn du groß bist!

Wenn wir über etwas Zukünftiges sprechen
oder schreiben, verwenden wir häufig das **Futur**.
Es besteht **aus zwei Teilen**. Es wird mit der **Personalform** von **werden**
und der **Grundform (Nennform)** eines **Verbs** gebildet.

MERKE DIR

ich werde schreiben　　*wir werden schreiben*
du wirst schreiben　　*ihr werdet schreiben*
er wird schreiben　　*sie werden schreiben*

Unser Klassenausflug

 **1** Welche Erwartungen habt ihr an euren Klassenausflug?
Schreibt immer nur einen Stichpunkt auf ein Kärtchen
und heftet es an die Tafel!

Was wird der Ausflug kosten?

Womit werden wir fahren?

Wer wird uns begleiten?

...

Wohin werden wir fahren?

Was werden wir essen?

Was werden wir unternehmen?

Bratwurst

 2 Sortiert eure Karten nach ähnlichen Themen und sprecht darüber!
Worauf freut ihr euch? Was möchtet ihr nicht machen?

 3 Ergänze die Pläne im Futur!
Schreibe so: *Klasse 4 a: Wir werden schwimmen gehen.*

Klasse 4 a	Klasse 4 b
• schwimmen	• in ein Schullandheim
• in Zelten	• wandern
• Picknick	• mit dem Zug
• mit einem Bus	• Geländespiel
• Freizeitpark	• Erlebnisbad

gehen
schlafen
machen
fahren
besuchen

 4 Überlegt, ob die Klassen gemeinsam einen Ausflug machen können!
Begründet eure Meinung! Findet Argumente!

 5 Überlege dir einen Plan für einen gemeinsamen Ausflug
beider Klassen und schreibe ihn in der Zeitform Futur auf!
Die Klassen 4 a und 4 b werden gemeinsam …

Klassenpost

1 Worum geht es den Absendern?
Welche Briefe hättet ihr gerne bekommen,
welche nicht? Begründet!

Liebe Frau Leue,
vielen Dank, dass sie [1]
uns bei den schweren
Rechenaufgaben helfen.
  [1] sie
Tim und Alina

Hey Mädchen!
Seid gefälligst
nicht so zickig!
Das Gemecker und
Gezeter sorgt für
schlechte Stimmung
bei uns.

Hallo Mitschüler,
ich wünsche mir ein
gemütliches gemeinsames
Frühstück. Was haltet
ihr davon, einmal im
Monat ein Klassen-
frühstück zu machen [2]
  Lene

Ich wünsche mir, dass
wir am nächsten
Wandertag ins
Schwimmbad gehen.

Liebe Klasse 4a,
ich danke euch für eure
Hilfe beim Müllsammeln.
Euer Hausmeister
Herr Müller

Liebe Kinder,
bitte kontrolliert, ob
in eurer Federtasche
Lineal, Radiergummi
und Anspitzer sind.
Vielen Dank!
Eure Frau Leue

HENRI, TOTAL
BESCHEUERT,
DASS DU DEINE
SACHEN IMMER
AUF MEINER
TISCHSEITE
RUMLIEGEN LÄSST.
LEO

An den Gruppentisch am Fenster
Hallo, es wäre schön, wenn ihr im
Unterricht weniger quatschen würdet.
Wir fühlen uns oft durch euch gestört.
Die Kinder vom Tisch nebenan

2 Suche dir ein Beispiel aus
und schreibe
einen Antwortbrief!
Denke an Datum, Anrede
und Unterschrift!

Datum ——————————— 23. Mai
Anrede ——— Lieber Leo!
Du hast Recht, ich mache
mich auf unserem Tisch immer
sehr breit, bitte entschuldige.
Ich werde versuchen,
auf meiner Seite zu bleiben.
Unterschrift — Dein Henri

3 Schreibe auch einen Brief
für den Klassenbriefkasten:
Wen möchtest du um etwas bitten?
Bei wem möchtest du dich bedanken?
Welche Wünsche oder Beschwerden hast du?

Ich wünsche mir, dass …   Es wäre schön, wenn …

Vielen Dank für …   Danke, dass …   Ich möchte, dass …

Ich stelle es mir schön vor, wenn …   Ich bitte dich …

Der Traum von einer besseren Welt

1 Lies den Text!

A Von jeher träumten Menschen von einer besseren Welt. Manche Menschen lassen ihren Traum Wirklichkeit werden. Einer von ihnen war der Österreicher Hermann Gmeiner. Er hatte einen Traum: ein Zuhause für Kinder in Not zu schaffen.

B 1949 gründete er deshalb den Verein SOS-KINDERDORF und baute im gleichen Jahr im österreichischen Dorf Imst das erste Kinderdorf.

C Vier bis sechs Kinder, die entweder kein Zuhause mehr haben oder dort nicht bleiben können, leben mit ihrer Kinderdorfmutter oder ihrem Kinderdorfvater in einem großen Haus zusammen. Dort laufen die Tage wie in anderen Familien ab. Auch hier geht es nicht ohne Regeln. Zum Beispiel darf man in vielen Familienhäusern das Zimmer von anderen nicht betreten ohne anzuklopfen; bei Tisch darf immer nur einer reden. Das müssen schon die Kleinsten lernen, auch wenn es immer wieder schwerfällt. Jedes Mitglied der Familie hat seine Aufgaben zu erfüllen. Das sind: Tisch abräumen, Mülleimer ausleeren, Fußboden kehren oder Wertstoffe trennen.

D 1986 starb Hermann Gmeiner. Aber sein Traum bleibt lebendig. Aktuell gibt es 560 SOS-Kinderdörfer in über 135 Ländern. Davon befinden sich 16 in Deutschland.

E Der Verein SOS-Kinderdorf kümmert sich ebenfalls um Kinder, die aus ihrer Heimat fliehen mussten. Viele ehrenamtliche und hauptamtliche Mitarbeiter verteilen Kleidung, Essen und Medikamente an die Geflüchteten. Auch versuchen sie, getrennte Familien zusammenzuführen, oder errichten Notunterkünfte.

2 Finde für jeden Abschnitt eine Zwischenüberschrift!
Schreibe unter jeder Überschrift zwei bis drei Stichpunkte
zum Inhalt dieses Abschnittes!

3 Gib den Inhalt des Textes mündlich wieder!
Nutze dazu deine Stichpunkte!

Blaue Seiten

Umlaute und Zwielaute

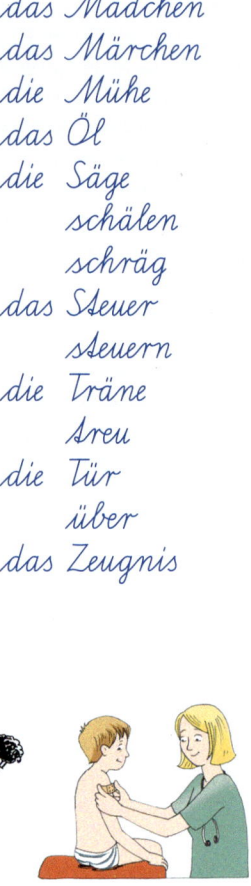

W

die Ärztin
Deutschland
Europa
das Feuer
die Gemeinde
das Kreuz
der Lärm
die Lösung
das Mädchen
das Märchen
die Mühe
das Öl
die Säge
schälen
schräg
das Steuer
steuern
die Träne
treu
die Tür
über
das Zeugnis

1 Setze die Zwielaute **au**, **ei** oder **eu** passend ein und markiere sie!

Unser H☐s steht in der Gem☐nde Bergtal.
D☐tschland liegt in der Mitte ☐ropas.
Das Kr☐z des Südens ist ein Sternbild.
Das F☐er brennt h☐ß.
Die L☐s sitzt auf der L☐ter.
Der Hund bleibt tr☐ sitzen.

2 **Eu/eu** oder **Äu/äu**? Denke an die Wortfamilien!

Ein☐gige ☐len h☐len in f☐chten Gem☐ern.
☐ßerst große Flederm☐se geistern n☐gierig
durch dunkle R☐me. Was hat das zu bed☐ten?
Sind das Tr☐me?

3 In jeder Wörterreihe ist ein schwarzes Schaf.
Schreibe die Wörter ohne die schwarzen Schafe auf!

flüssig	die Träne	schälen	schräg
das Märchen	öffnen	die Möhre	plötzlich
die Mühe	das Glück	die Flöte	dünn

4 Hier fehlen die Umlaute.
Schreibe die Sätze richtig ab!

Die Arztin gibt dem Madchen ein Pflaster.
Der Kapitan steuert das Schiff uber den See.
Im Marchen kann ein Lowe sprechen.

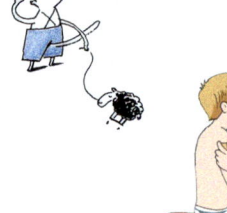

5 Bilde Wortfamilien!
Nutze dazu das Wörterbuch!
Markiere den Wortstamm!
gekreuzt, lösen, ölig, viertürig,
gesägt, steuern, treu, der Lärm
Schreibe so:
gekreuzt: kreuzen, die Kreuzung, ...

Wörter einer Wortfamilie haben einen gemeinsamen Wortstamm. Dieser wird meistens gleich geschrieben.
anfeuern – das Feuerwehr
träumen – traumhaft

Wörter mit Umlauten und Diphthongen mithilfe von Wortfamilien richtig schreiben;
im Wörterbuch nachschlagen

AH S.20

Wörter mit aa, ee oder oo

der Aal
die Beere
das Beet
das Boot
die Fee
das Haar
der Kaffee
der Klee
das Meer
das Moos
das Paar
der Saal
der Schnee
der See
der Staat
der Zoo

1 Ergänzt die zusammengesetzten Substantive
und lest euch den Text gegenseitig vor!

Es war einmal ein See, der immer voll Schnee,
darum nannten ihn alle Leute nur Schnees…
Um diesen Schneesee wuchs Klee, der Schneeseekl…,
und darin äste ein Reh, das Schneeseeklee…, und dieses
Schneeseekleereh wurde von einer Fee geliebt,
der anmutigen Schneeseekleerehf…

Franz Fühmann

2 Schreibe aus dem Text von Aufgabe 1
alle einfachen Substantive mit **ee** auf und markiere **ee**!

3 Ergänze die Sätze mit zusammengesetzten Substantiven
und markiere **ee**!

Eine Rose im See nennt man …
Das Wasser aus dem Meer heißt …
Eine Tasse für den Kaffee ist die …
Ein Beet, in dem nur Blumen wachsen, nennt man …

Das muss
ich mir
merken!

4 Finde zusammengesetzte Substantive mit **Moos**, **Zoo** oder **Boot**
als Grundwort oder Bestimmungswort!

 Auf der Wiese wächst der grüne Klee.
Im Wasser schlängelt sich ein Aal.
Der Kapitän steuert das Boot über das Meer.
Deutschland ist ein Staat in Europa.
Am See brennt das Lagerfeuer.
Braune Bären naschen gern blaue Beeren.

ZUM ÜBEN

Wörter mit Doppelvokalen üben; Komposita bilden;
das Würfeldiktat zum Üben nutzen
AH S.21
31

Ein Träumebuch

Meine Wunschliste

Mein Wunschname:	HELENE
Mein Wunschmuster:	
Meine Wunschfrisur:	
Meine Wunschschuhe:	
Mein Wunschauto:	

Das möchte ich mal machen:

	ja	nein	vielleicht
eine Fliege verschlucken			
Schule schwänzen			
viel Geld finden			
einen Clown ärgern			
küssen			
im Fahrstuhl laut pupsen			
Wasserbomben werfen			
einen Apfel stibitzen			

Das möchte ich mal essen:

Von hier möchte ich eine Postkarte bekommen:

SCHLARAFFENLAND

So möchte ich mal aussehen:

mal wohnen:

⭐ Stellt ein eigenes Träumebuch her! Erzählt euch von euren Träumen!

Miteinander leben

Der Sperling und die Schulhofkinder

Ein Sperling, der von ungefähr
zu einem Schulhof kam,
erstaunte über das, was er
auf diesem Hof vernahm.

Ein Mädchen sprach zu Meiers Franz:
„Du alter Esel du!"
Da sprach der Franz: „Du dumme Gans
bist eine blöde Kuh!"

Der Sperling meint, er hör nicht recht.
Es tönte allenthalb:
„Du Schaf! Du Floh! Du blöder Hecht!
Du Hund! Du Schwein! Du Kalb!"

Der kleine Sperling staunte sehr.
Er sprach: „Es schien mir so,
als ob ich auf dem Schulhof wär;
doch bin ich wohl im Zoo!"

James Krüss

Wie gehen Menschen manchmal miteinander um?
Sprecht darüber!

Freundschaft?

1 Setze das Substantiv **Storch** mit Artikel im richtigen Fall ein:
der Storch, des Storchs, dem Storch, den Storch

Der Fuchs und der Storch

Ein Fuchs hatte  zum Essen eingeladen und setzte
köstlichste Speisen vor, aber nur auf ganz flachen Tellern,
von denen mit seinem langen Schnabel nichts fressen konnte.
Gierig fraß der Fuchs alles allein, obgleich er unaufhörlich bat,
es sich doch schmecken zu lassen.
fühlte sich betrogen, blieb aber freundlich. Er lobte die Bewirtung durch
den Fuchs und lud ihn für den nächsten Tag zu sich ein.
Der Fuchs ahnte, dass sich rächen wollte. Er folgte aber
der Einladung .
Als der Fuchs am nächsten Tag zum Storch kam, fand er alle
möglichen Leckerbissen aufgetischt, aber nur in langhalsigen Gefäßen.
„Folge meinem Beispiel!", rief ihm zu,
„fühl dich, als wenn du zu Hause wärst."
Und er schlürfte mit seinem Schnabel ebenfalls alles allein,
während der Fuchs zu seinem größten Ärger nur das Äußere
der Gefäße belecken und ein wenig an den Speisen riechen konnte.
Hungrig stand er vom Tisch auf und gestand sich ein,
dass ihn für seinen Mutwillen hinlänglich gestraft habe.

Was du nicht willst, das man dir tu',
das füg' auch keinem anderen zu.

nach Aesop

2 Schreibe den Inhalt der Fabel in Stichpunkten auf!

3 Erzähle einem Partnerkind den Inhalt der Fabel nach!
Achte auf die Reihenfolge der Handlungen!

4 Schreibe eine Nacherzählung mithilfe deiner Stichpunkte!
Beachte dabei auch die wörtliche Rede des Storches!

Was passiert wem?

1 Lies den Beispielsatz des Satzbauplans!
Es gibt verschiedene Möglichkeiten.

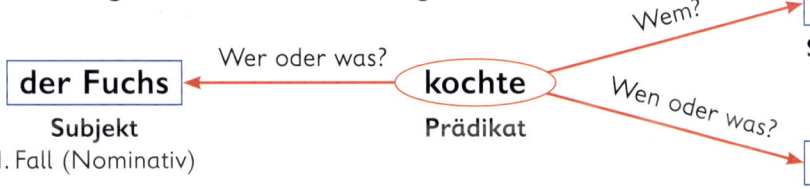

der Fuchs
Subjekt
1. Fall (Nominativ)

Wer oder was?

kochte
Prädikat

Wem?

dem Storch
Satzergänzung im 3. Fall
(Dativobjekt)

Wen oder was?

eine Mahlzeit
Satzergänzung im 4. Fall
(Akkusativobjekt)

2 Nenne die vier Satzglieder des Satzbauplans!
Welche sind für dich neu?

3 Wähle Subjekte, Prädikate und Satzergänzungen aus!
Bilde drei sinnvolle Sätze!
Schreibe so: *Der Fuchs kochte dem Storch eine Mahlzeit. ...*

Subjekt	Prädikat	Satzergänzung	
		im 3. Fall (Dativobjekt)	im 4. Fall (Akkusativobjekt)
der Fuchs	kochte	dem Storch	einen flachen Teller
der Storch	gab	dem Fuchs	viele Leckerbissen
	servierte	ihm	eine Mahlzeit
	setzte vor		eine Flasche

4 Zeichne einen Satzbauplan zu einem deiner Sätze!

5 Frage zu deinen Sätzen aus Aufgabe 3 nach den Satzergänzungen!
Schreibe so: *Wem kochte der Fuchs eine Mahlzeit? – dem Storch*
(Satzergänzung im 3. Fall)
Wen oder was kochte der Fuchs? – eine Mahlzeit
(Satzergänzung im 4. Fall) ...

Eine Satzergänzung erweitert in einem Satz
den Satzkern. Sie steht oft im 3. Fall oder im 4. Fall.
So kannst du fragen:
Wem kochte der Fuchs eine Mahlzeit? – ***dem Storch***
(Satzergänzung im **3. Fall**, *Dativobjekt)*
Wen oder was kochte der Fuchs? – ***eine Mahlzeit***
(Satzergänzung im **4. Fall**, *Akkusativobjekt)*

MERKE DIR

Wie sollte eine Freundin oder ein Freund sein?

1 Die Klasse 4b möchte sich zu einem Thema austauschen.
Die Kinder tun dies mit der Kugellager-Methode.
Schaut euch die Bilder an und lest die Anleitung!

1 Die Teilnehmenden stellen sich paarweise
in einem Innen- und Außenkreis mit
dem Gesicht zueinander auf.

2 Eine Moderatorin oder ein Moderator
nennt das Thema und sagt, wie viel Zeit
es für den Austausch über das Thema gibt.
Sinnvoll sind 3–5 Minuten.

Ihr habt drei Minuten.

3 Es wird ein Startzeichen gegeben.
Die Teilnehmenden begrüßen sich
und können sich nun austauschen.

4 Nach Ablauf der Zeit gibt es ein
weiteres Zeichen. Die Gesprächspartner
verabschieden sich.

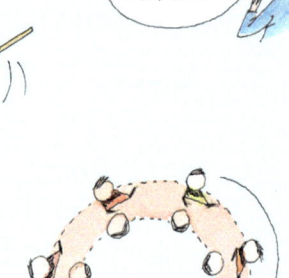

5 Der Außenkreis bewegt sich im Uhrzeigersinn
zwei Plätze weiter.

6 Die Schritte 3 und 4 werden wiederholt.

7 Der Innenkreis bewegt sich gegen
den Uhrzeigersinn einen Platz weiter.

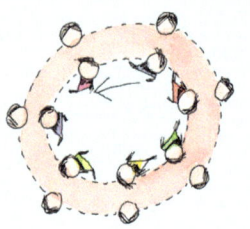

8 Die Schritte 3 und 4 werden wiederholt.

2 Erklärt einander, wie die Kugellager-Methode funktioniert!

3 Probiert die Kugellager-Methode zum folgenden Thema aus!

So sollte eine Freundin/ein Freund sein.

4 Besprecht eure Erfahrungen mit der Kugellager-Methode!
Was war gut? Was könnte anders gemacht werden?

die Kugellager-Methode als Möglichkeit kooperativen Lernens
für ein Klassengespräch kennen lernen

Die perfekte Freundschaft

1 Lies den Text!

1 Freunde müssen nicht gleich sein. Aber sie sollten etwas gemeinsam haben.

Gemeinsamkeiten: „Gleich und gleich gesellt sich gern", heißt es. Doch zwei
5 Menschen müssen nicht gleich sein, um Freunde zu werden. Manchmal befreunden sich Menschen, die auf den ersten Blick grundverschieden sind. Einer ist vielleicht ganz ruhig, der
10 andere eher wild. Das kann sich gut ergänzen. In jedem Fall brauchen Freunde etwas, das sie verbindet: Das kann ein Hobby sein oder das gemeinsame Interesse für Pferde, einen
15 Bundesligaverein oder Indianer. Wenn eine Freundschaft lange hält, dann teilen Freunde meist noch etwas anderes. Sie haben die gleichen Werte. Sie sind sich zum Beispiel einig darüber,
20 was gerecht und was wichtig ist.

Gleichberechtigung: In einer guten Freundschaft wird niemand unter-gebuttert oder ausgenutzt, niemand ist dauernd der Chef. Wer an einem Tag
25 der beste Kumpel ist, am anderen aber gar nicht beachtet wird, darf zu Recht bezweifeln, dass er es mit einem echten Freund zu tun hat.

Nähe: Gerade in jungen Jahren ist es
30 wichtig, etwas mit Freunden zu erleben und Erfahrungen zu teilen. Das Handballtraining, eine Schnitzeljagd im Wald oder auch den Ärger über die Mathelehrerin. Deshalb ist es gut, wenn
35 ein Freund in der Nähe wohnt, damit man oft Zeit mit ihm verbringen kann.

Zunächst aber muss man den möglichen Freund oder die mögliche Freundin erst mal kennen lernen. Wer in der Schule
40 nicht fündig wird, kann es andernorts versuchen: in einem Sportverein, einer Band, bei den Pfadfindern oder vielleicht im Schachklub.

Claudia Henzler

 2 Was fandet ihr in dem Text von Aufgabe 1 wichtig? Tauscht euch aus!

 3 Was wäre für dich eine perfekte Freundin oder ein perfekter Freund? Schreibe auf!

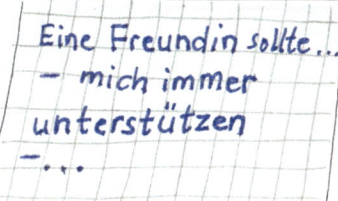

Name: perfekter Freund
Wohnort: in der Nähe
So bin ich: …
Das bin ich auf keinen Fall: …
Was ich gar nicht mag: …
Das machen wir zusammen: …

 4 Erstellt gemeinsam einen Steckbrief!

Etwas nacherzählen

Um einen Text nacherzählen zu können, musst du ihn dir gut merken.
Verschiedene Übungen trainieren dein Gedächtnis.

Lies den Text mehrmals!
- Lies den Text genau!
- Erzähle aus dem Gedächtnis, was du dir gemerkt hast!
- Lies den Text noch einmal!
- Erzähle den Inhalt des Textes so genau wie möglich nach!

Ein Fuchs hatte einen Storch zum Essen eingeladen.

Notiere Stichpunkte!
- Lies den Text genau!
- Finde in jedem Abschnitt die wichtigsten Informationen!
- Schreibe Stichpunkte untereinander auf!
- Erzähle den Inhalt des Textes mithilfe deiner Stichpunkte!

Male Bilder zum Text!
- Lies den Text genau!
- Zeichne zu jedem Abschnitt ein Bild!
- Erzähle den Inhalt des Textes mithilfe deiner Bilder nach!

Spiele den Text (in Gedanken) nach!
- Lies den Text!
- Lies den Text noch einmal abschnittsweise!
- Überlege nach jedem Abschnitt, wie du ihn als Szene darstellst!
- Erzähle den Inhalt des Textes nach!

1 Wähle eine Übung aus! Erzähle einen Text nach!

Eine Nacherzählung schreiben

So kannst du einen Text schriftlich nacherzählen:

 1 Schreibe Stichpunkte auf!
- Lies den Text genau!
- Finde in jedem Satz oder Abschnitt die wichtigsten Informationen!

Nutze die Stichpunkte für deine Nacherzählung!

> Taube und Ameise
> – Taube am Bach
> – sieht Ameise
> – rettet sich

 **2 Leite deine Nacherzählung ein!**
- Finde eine Überschrift!
- Beantworte die Fragen Wann?, Wo?, Wer?

 3 Schreibe den Hauptteil!
- Denke an die Reihenfolge!
- **Erzähle nur Wichtiges** in eigenen Worten nach!
- Erfinde nichts hinzu!
- **Schreibe** im **Präteritum**!
- Verwende wörtliche Rede, wenn es passt!
- Stelle Satzglieder um!
- Finde treffende Verben und Adjektive!
- Schreibe abwechslungsreiche Satzanfänge!

 **4 Finde einen Schluss!**
- Gibt es im Text eine Moral? Schreibe sie in eigenen Worten auf!
- Was muss man noch wissen, um den Text zu verstehen? **Schreibe** einen **abschließenden Satz!**

Wörter mit ng oder nk

W

die Angst
ängstlich
anstrengen
die Bank
drängeln
drängen
entlang
der Finger
gelingen
das Geschenk
klingen
lenken
der Schrank
senken
sinken
zanken
zwingen

1 Ordne die Wörter der Wörterleiste!

ng	nk
die Angst	die Bank
...	...

ng oder **nk**?
Einfach
verlängern!

2 **ng** oder **nk**? Finde ein verwandtes Wort,
bei dem du das hörst!
Schreibe so: *die Ba__nk__ – die Bä__nke__, ...*

die Ba___, la___, es geli___t, das Gesche___,
stre___, sie wi___t, der Anfa___, kra___, es sti___t

3 Reime weiter!

klingen	lenken	zanken	sinken
s...	d...	r...	h...
zw...	sch...	schw...	tr...

4 Finde zu den Substantiven **Angst** und **Geschenk**
Wörter aus den Wortfamilien!
Nutze den Wortstamm und verschiedene Wortbausteine!

5 Welche Wörter der Wörterleiste stehen hier in Geheimschrift?

die ⬜⬜⬜, ⬜⬜⬜, das ⬜⬜⬜⬜, ⬜⬜⬜, die ⬜⬜

6 Finde passende Satzergänzungen im 3. und 4. Fall!

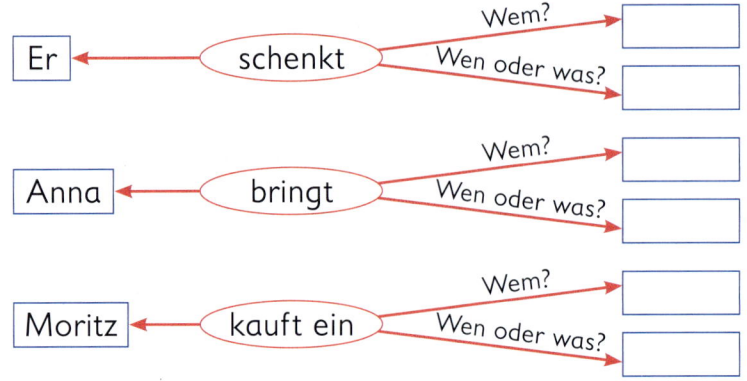

Er ← schenkt — Wem? ⬜
— Wen oder was? ⬜

Anna ← bringt — Wem? ⬜
— Wen oder was? ⬜

Moritz ← kauft ein — Wem? ⬜
— Wen oder was? ⬜

Wörter mit ng und nk mithilfe von Verlängerungsstrategien richtig schreiben,
Wortumrisse erkennen, Satzbaupläne wiederholen   **AH** S. 27

Wörter mit Pf/pf

1 Übe Wörter mit **Pf/pf**!

> ⚀ Schreibe die Wörter der Wörterleiste ab!
> Markiere schwierige Stellen!

> ⚁ Finde zu vier Wörtern der Wörterleiste
> weitere Wörter aus der Wortfamilie!
> *der Dampf, der Dampfkessel, …*
> *empfangen, der Empfang, …*
> *…*

> ⚂ Schreibe zusammengesetzte Substantive!
> Verwende die Wörter als Grundwort
> und als Bestimmungswort!
> Schreibe so: *der Wettkampf – der Kampfsport*

> `der Kampf`   `der Dampf`   `der Knopf`   `das Pflaster`

W

der Dampf
empfangen
empfindlich
der Kampf
der Knopf
der Pfiff
er pfiff
die Pflanze
das Pflaster
die Pflaume
die Pflicht
der Pflug
schimpfen
stumpf

2 Ergänze in den Sätzen das Substantiv **Pflug** mit Artikel
im richtigen Fall! Schreibe immer den Fall so dazu:

> *… … steht in der Scheune.* (1. Fall / Nominativ)
> *Die Teile des … sind blank.* (… Fall / …)
> *Der Bauer arbeitet mit … … auf dem Feld.* (… Fall / …)
> *Der Schlosser bringt Ersatzteile für … …* (… Fall / …)

> Die Tabelle
> auf Seite 134
> hilft dir!

3 Immer zwei Beispiele gehören nicht in die Reihe.
Sage, warum!

der Dampf	fangen	der Kampf	der Pfiff	der Flug
empfangen	schimpfen	tapfer	stumpf	kämpfen
tropfen	das Pflaster	die Pflaume	die Pflicht	empfindlich

Beim Wettkampf

ZUM ÜBEN

Die Zuschauer drängeln am Eingang. Zwei Boxer
steigen in den Boxring. Am Anfang ertönt eine Glocke.
Die Kämpfer ringen tapfer um den Sieg. Angst kennen sie
nicht. Ihre Freunde rufen und winken ihnen zu. Es ist ein
gelungener Wettkampf. Der Gewinner erhält ein Geschenk.

Für gutes Miteinander in der Klasse

Einen Orden basteln

1 Du brauchst: • Stifte • Schere • Pappe oder bunten Tonkarton • ein Glas oder einen Zirkel • Geschenkband	**2** Zeichne auf Pappe einen Kreis!
3 Schneide den Pappkreis aus!	**4** Bohre ein Loch in den Rand oder nutze einen Locher!
5 Überlege: Wer soll den Orden bekommen? Wofür möchtest du den Orden vergeben? für Mali | Orden für deine Hilfe für Tim | Orden für...	**6** Beschrifte, beklebe und bemale den Orden!

 Überlegt in der Klasse, wie ihr eure Orden würdig verleihen könnt!

Der warme Rücken

Spielvorbereitung: Jedes Kind bekommt einen weißen Pappteller mit der Aufschrift: Ich mag an dir… Helft einander, die Pappteller mit Kreppklebeband auf den Rücken zu kleben!
Und so geht das Spiel: Jedes Kind schreibt möglichst jedem anderen Kind ein freundliches Adjektiv, eine Wortgruppe oder einen freundlichen Satz auf den Pappteller.

 Lest euch, wenn ihr mögt, gegenseitig vor, was andere freundlich über euch geschrieben haben!

produktionsorientiert für andere arbeiten: positive Botschaften formulieren
und eine Kultur der Wertschätzung entwickeln

Im Winter

Die Pelzkappe voll mit schneeigen Tupfen
behäng ich die Bäume mit hellem Kristall.
Ich bringe die Weihnacht und bringe den Schnupfen,
Sylvester* und Halsweh und Karneval.
Ich komme mit Schlitten aus Nord und Nord-Ost.
Gestatten Sie: Winter. Mit Vornamen: Frost.

Mascha Kaléko

*Mascha Kaléko hat das Wort Sylvester
in ihrem Gedicht mit y geschrieben.
Wir schreiben das Wort heute so: Silvester

Was macht für dich den Winter schön? Beschreibe!
An welchen Tagen magst du den Winter nicht? Begründe!

Winterzeit – Märchenzeit

1 Welche Märchen findet ihr im Bild?
In welchen Märchen spielt der Winter eine wichtige Rolle?

2 Wähle ein Märchen aus, das du gut kennst!
Erzähle es nach!
Versuche, im Perfekt zu erzählen!

3 Es war einmal …

⚀ Bilde das Präteritum der Verben **drängen**,
nehmen, **lenken** und **fallen**!
Schreibe so: *drängen – er drängte, …*

⚁ Schreibe märchenhafte Sätze mit den Verben
nehmen, **lenken** und **fallen** im Präteritum!

⚂ Schreibe ein Minimärchen im Präteritum,
in dem die Verben **nehmen**, **sich anstrengen**,
lenken und **fallen** vorkommen!

4 Schreibe ein Wintermärchen!
Verwende das Präteritum!

- Überlege dir einen märchenhaften Beginn!
- Wähle deine Märchenfiguren aus!
- In welcher Winterlandschaft spielt dein Märchen?
- Finde wundersame Dinge,
  die in deinem Märchen vorkommen!
- Welche Aufgaben und Prüfungen
  müssen deine Märchenhelden bestehen?
- Denke dir einen winterlichen Spruch aus,
  der in deinem Märchen immer wiederkehrt!
- Finde ein märchenhaftes Ende!

Wintermärchen mal anders

 1 Trage den Text vor! Mache mit deiner Stimme hörbar, dass verschiedene Figuren sprechen!

Der Gauner im Schneesturm

Es lebten einmal sieben kleine Kinder mit ihrer Mutter mitten in einer großen Stadt. Eines Tages tobte ein furchtbarer Schneesturm. Ein eisiger Wind fegte um die Ecken. Der Kühlschrank war leer und die Kinder hatten Hunger. So musste die Mutter los zum Supermarkt. „Benehmt euch artig und lasst niemanden herein! Ich bin gleich wieder da!", sagte sie, zog sich ihren dicksten Mantel an und verschwand im Flockenwirbel. Die Kinder freuten sich mächtig. Spielkonsole, Computer, Fernseher, es gab alles, was das Herz begehrte. Plötzlich klingelte es an der Tür und eine raue Stimme rief: „Eure Mutter ist wieder da. Lasst mich schnell rein! Draußen tobt ein Schneesturm und ich habe euch etwas Schönes mitgebracht!" Die Kinder aber erkannten die Stimme von Max Schulze, eines stadtbekannten Bösewichts aus dem Nachbarhaus, 27. Stock. Sie riefen: „Du bist nicht unsere Mutter! Das erkennt man doch sofort an deiner Stimme!" …

 **2** Welches Märchen hat sich hier versteckt? Erzählt es einander!

 3 Wähle aus dem Text in Aufgabe 1 zehn Verben und bilde die Zeitformen! Markiere den Wortstamm! Schreibe so:

	So siehst du es im Film:	So liest du es im Märchen:	So sprichst du über das Märchen:
Grundform	**Präsens**	**Präteritum**	**Perfekt**
leben	sie lebt	sie lebte	sie hat gelebt
verschwinden	sie verschwindet	sie verschwand	sie ist verschwunden

 4 Wie könnte das Märchen von Aufgabe 1 weitergehen? Erzählt es zu Ende!

 5 Schreibe selbst ein modernes Märchen! Nutze ein altes Märchen als Vorlage!

Im Dezember

1 Lies den Text!

In Großbritannien ist es Brauch, dass der Weihnachtsmann
in der Nacht zum 25. Dezember durch den Kamin kommt
und die Geschenke bringt. Viele Menschen hängen große Socken
am Kamin auf. Dort kann Father Christmas seine Überraschungen
hineintun. Am 25. Dezember gibt es ein großes Festessen.

2 Was isst man in Großbritannien gerne zu Weihnachten? Zähle auf!
Schreibe so: *Man isst gerne ..., ..., ... und ...*

3 Was tun die Kinder gerne im Dezember?

Im Dezember backe ich gerne Makronen,
Lebkuchenmänner und ...
Ich wünsche mir zu Weihnachten ..., ... und ...
In den Ferien treffe ich ..., ... oder ...
Ich möchte ..., ... und ... etwas schenken..
Am 24. Dezember möchte ich ..., ... und ...

An die Kommas
denken ...

Das merkt
sich jeder Hund:
Kein Komma vor
oder und **und**.

Bei einer **Aufzählung** steht zwischen Wörtern
und Wortgruppen ein **Komma**.
*Es gibt Truthahn, gebackene Kartoffeln **und** Würstchen.*
*Wollt ihr frischen Kuchen, Eis, Schokolade **oder** süße Bonbons?*

MERKE DIR

Winterzeit

1 Teile jeden Satz in zwei Sätze, indem du sie
ohne die Bindewörter **denn** und **weil** schreibst!

Die Ferien werden besonders schön, weil Oma und Opa
zu Besuch kommen.
Die Ferien ...
Oma und Opa ...
Die Kinder werden Schlitten fahren, denn es hat geschneit.
Die Kinder werden ...
Es hat ...

2 Verbinde die Satzteile passend!
Verwende die Bindewörter **weil**, **denn** oder **damit**!
Markiere das Komma und das Bindewort!

Paul wünscht sich zu Weihnachten
ein Abenteuerbuch   sie in der Schulband spielen kann.

Karam wünscht sich Schnee   er gerne liest.

Alina wünscht sich ein Schlagzeug   er möchte einen Schneemann bauen.

3 Schreibe eine Wintergeschichte!
Verwende Aufzählungen und Bindewörter!
Es war einmal ein kleiner, kalter Eiszapfen. Er ..., denn ...

> Diese Bindewörter **verbinden Sätze: weil, denn, damit.** **MERKE DIR**
> Vor diesen **Bindewörtern** steht ein **Komma**.
> *Die Kinder warten auf den Schnee, **denn** sie wollen Schlitten fahren.*

Blaue Seiten

Wörter mit Sp/sp oder St/st am Wortanfang und am Wortstammende

1 Lies die Wörter der Wörterleiste deutlich vor!

2 Schreibe aus dem Text alle Wörter mit **Sp/sp** und **St/st** am Wortanfang und in der Wortmitte heraus!

Ein winterlicher Spaziergang

Kaspar geht mit seinem Großvater im Wald spazieren. Zwei Elstern streiten sich hoch oben in den Ästen. „Ob wir Spuren entdecken?", fragt Opa. „Ja, zum Beispiel von einem Yeti", antwortet Kaspar ernst. „Vielleicht sehen wir auch schon die ersten Knospen?", fragt er listig. Plötzlich knistert etwas im Dickicht. Beide starren stumm dorthin. Doch dann hören sie fröhliche Stimmen. Die Idee, im Wald spazieren zu gehen, hatten wohl auch andere Leute.

W	
der	Ast
das	Beispiel
	bestimmt
die	Elster
	ernst
	knistern
die	Knospe
	listig
	spazieren
der	Spaziergang
das	Spiel
die	Spur
das	Stadion
	starren
	starten
die	Stimme
der	Stoff
	streiten
	stumm

3 Schreibe Verben aus der Wörterleiste in verschiedenen Zeitformen!

Grundform	Präsens	Präteritum	Perfekt
streiten	sie streitet	sie stritt	sie hat gestritten

4 Reime weiter und trenne die Wörter!

> Ich trenne nach Sprechsilben: hus-ten

der Kas-ten	hus-ten	der Os-ten
f…	p…	r…
h…	pr…	k…

5 Zungenbrecher

🎲 Lies den Zungenbrecher! Trage ihn fehlerfrei vor!

🎲 Schreibe den Zungenbrecher in Silben auf!
Schreibe so: *Der Streu-salz-streu-…*

🎲 Lerne den Zungenbrecher und schreibe ihn auswendig auf!

Der Streusalzstreuer zahlt keine Streusalzstreuersteuer, keine Streusalzstreuersteuer zahlt der Streusalzstreuer.

Wörter mit V/v

Wörter mit **V/v** muss ich mir merken!

 1 Lies die Wörter der Wörterleiste! Schreibe die sieben Wörter auf, in denen **V/v** wie **w** klingt!

 2 Setze Wörter aus der Wörterleiste ein!

Märchen

Hat Schneeweißchen dem Zwerg … geholfen?
Der gestiefelte Kater lief dem königlichen
Wagen immer …
Das kleine Mädchen holt eine Packung
Schwefelhölzer …
Die Mutter ermahnt die sieben Geißlein, … zu sein.
Es geht Kay schlecht, … Gerda ihn
vor der Schneekönigin rettet.

 3 Bilde Verben mit **vor-** und **ver-**!
…tragen, …setzen, …brauchen, …laufen,
…fahren, …brennen, …packen

 4 Bilde Substantive mit der Endung **-ung** aus **verpacken**, **versetzen**, **verschmutzen**!

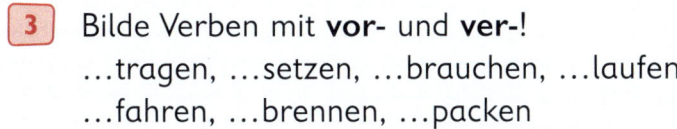 Schreibe die Substantive mit Artikel!

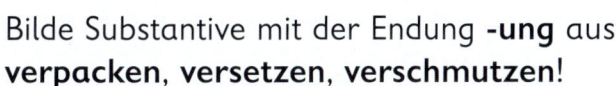 Vervollständige die Sätze!
Bei der … gab sie sich besonders viel Mühe.
Er beantragte seine … in eine andere Stadt.
Die … an seiner Hose bemerkte man kaum.

Schreibe drei Sätze mit den Substantiven!

W
der Advent
bevor
brav
hervor
die Kurve
der Pullover
die Vase
das Ventil
das Verb
verbrauchen
verbrennen
der Verein
verpacken
die Verschmutzung
vielleicht
vier
vierzig
violett
voraus
die Vorfahrt
die Vorsicht

Ein Spaziergang im Winter

ZUM ÜBEN

Wir wollen zum Stadion. Dazu nehmen wir den Weg
durch den Park, damit wir uns nicht verlaufen. Vorsicht!
Es ist glatt! Zwei Radfahrer streiten sich. Wer hatte Vorfahrt?
Vielleicht war die Fahrbahn verschmutzt? Oder war es zu glatt?
Wir können nicht helfen. Schnell steuern wir auf das Stadion zu.
Gleich startet das Spiel. Unser Verein wird bestimmt gewinnen.

Leckere Rezepte im Winter

Früchtepunsch

So wird es gemacht:

Zutaten
für 3 Personen:

- 2 Beutel Früchtetee
- 1 Zimtstange,
  in Stücke gebrochen
- 3 Nelken
- 500 ml Traubensaft
- Saft einer Orange

- Teebeutel, Zimtstangenstücke
  und Nelken in einen Kochtopf
  legen
- 500 ml kochendes Wasser
  darüber gießen
- alles kurz aufkochen
- 15 Minunten ziehen lassen
- Trauben- und Orangensaft dazugeben
- alles noch einmal erhitzen, aber nicht kochen
- Punsch durchsieben, mit Honig würzen

 Bereitet gemeinsam einen Früchtepunsch zu!
Sprecht ab, wer welche Zutaten mitbringt!

Bratapfelduft

- Äpfel aushöhlen
- innen und außen mit Butter
  bestreichen
- mit je einem Teelöffel
  Honig, gehackten Nüssen
  und Rosinen füllen
  und etwas Zimt dazugeben
- bei 120° im Backofen
  etwa 20–30 Minuten backen,
  bis die Apfelhaut Risse bekommt
- mit Vanillesoße übergießen

 Schreibe das Rezept für deine Freunde auf!
Fertige dazu eine lustige Apfelklappkarte an
oder überlege dir eine andere Form!

Von Tieren und Menschen

Es beißt nicht jede Qualle.
Nicht jede Biene sticht.
Auch Tiere haben alle
ein eigenes Gesicht.

Schaut ihnen einmal friedlich
und wachen Auges zu:
Sie sind ganz unterschiedlich,
genau wie ich und du.

James Krüss

Sprecht darüber, was das Gedicht bedeuten könnte!

Wissenswertes über Tier und Mensch

1 Welche Informationen kannst du aus den Tabellen entnehmen?

Laufen	Kilometer in der Stunde
der Eisbär	65
der Gepard	120
der Hase	65
die Hauskatze	48
der Löwe	75
der Windhund	110
der Wolf	60
das Zebra	65
der Mensch	9

So alt können Vögel werden:	
die Amsel	9 Jahre
der Buchfink	10 Jahre
der Gänsegeier	25 Jahre
die Kohlmeise	10 Jahre
der Kranich	20 Jahre
der Kuckuck	10 Jahre
der Uhu	25 Jahre
der Zaunkönig	5 Jahre

Wie schnell läuft ein Eisbär?

Schwimmen	Kilometer in der Stunde
der Aal	12
der Delfin	46
der Finnwal	55
der Hai	36
der Lachs	39
der Schwertwal	65
der Mensch	3

2 Vergleiche mithilfe der Tabellen:
Wer läuft **am schnellsten**?
Wer schwimmt **langsamer als** andere?
Welches Tier wird **so alt wie** ein anderes?
Schreibe so: *Der Schwertwal schwimmt am schnellsten.* ...

3 Findet eigene Fragen zu den Tabellen!
Schreibt sie auf und notiert die Lösung!
Tauscht die Fragen der Gruppen aus!

Welcher Vogel wird älter als ein Kranich?

Der Gänsegeier und der Uhu werden älter als der Kranich. Sie werden beide ungefähr 25 Jahre alt.

4 Wildkaninchen oder Feldhase? Ordne zur Lösung die Bilder 1 bis 4 den Angaben aus der Tabelle zu! Begründe!

	Wildkaninchen	Feldhasen
Aussehen	rundlicher Körperbau kurze Beine und Ohren 1,4–2 kg schwer	groß und schlank lange Beine, Ohren länger als ihr Kopf 2,5–5,5 kg schwer
Fellfarbe	graubraun, am Bauch heller	rötlich braun, Bauch weiß, Ohren haben dunkle Seiten und Spitzen
Wohnung	Höhlenbauten am Waldrand oder in Parkanlagen	leben auf offenem Feld, schlafen in kleinen Mulden
Verhalten	Rudeltiere	Einzelgänger

Fledermäuse

1 Lies die beiden Fledermaus-Texte!

A Fledermäuse sind beeindruckende Tiere. Sie sind die einzigen Säugetiere, die richtig fliegen können. Zwischen den Armen, den Beinen und dem Schwanz spannen sich Flughäute. Fledermäuse können sich in völliger Dunkelheit orientieren. Dazu stoßen sie für den Menschen unhörbare Ultraschalltöne aus. Die Töne werden von Hindernissen zurückgeworfen und die Fledermäuse können rechtzeitig ausweichen. Anders geartete Echos kommen von den Beutetieren zurück und die Fledermäuse wissen, dass es etwas zu fangen gibt. Übrigens: Für die Blut saugenden Vampire aus den Gruselfilmen gibt es ein Vorbild in der Natur, die Vampir-Fledermäuse in Südamerika. Sie saugen tatsächlich Blut. Allerdings werden Menschen nur selten angegriffen. Vampirfledermäuse bevorzugen das Blut von Rindern oder anderen Tieren.

Steckbrief Fledermaus **B**

Klasse:
Säugetiere
Lebensraum:
fast überall
auf der Welt
Größe:
je nach Art zwischen
vier und 16 Zentimetern
Alter:
bis zu 25 Jahren
Nahrung:
Insektenfresser;
einige Arten auch
Fruchtfresser, Saft- und
Blutlecker
Besonderheiten:
nachtaktiv; Orientierung
mithilfe von
Echosignalen

2 Wahr oder unwahr? Prüft die Aussagen mithilfe der Texte **A** und **B**!

> Vampir-Fledermäuse mögen kein Blut.

> Fledermäuse orientieren sich mit für Menschen unhörbaren Echolot-Tönen.

> Es gibt auf der Welt unterschiedlich große Fledermausarten – je nach Art zwischen 4 cm und 160 cm.

> Fledermäuse sind die einzigen Säugetiere, die fliegen können.

> Tagsüber jagen die Fledermäuse Insekten wie Mücken, Fliegen und Käfer.

3 Schreibe wichtige Stichpunkte aus Text **A** und dem Steckbrief **B** zum Thema **Fledermaus** auf!

4 Gestalte zum Thema **Fledermaus** ein Plakat mit wichtigen Stichpunkten und Bildern!

> Große Überschrift!
> Kurze Informationen!
> Ein Bild?
> Alles gut zu erkennen?

Einen Vortrag vorbereiten

Anschauungsmaterial und gute Vorbereitung helfen den Zuhörenden, dein Thema zu verstehen.

1 **Finde** Informationen und interessantes **Anschauungsmaterial zum Thema!**

- Schlage in Zeitschriften, Sachbüchern oder einem Lexikon nach!
- Suche Bilder in Büchern oder im Internet!

Die kleinste Fledermaus ist nur 4 Zentimeter lang …

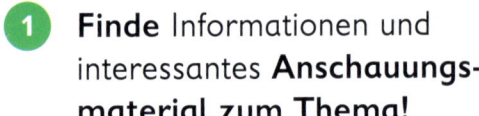

2 **Gestalte ein Plakat zum Thema!**

- Schreibe dein Thema als große Überschrift auf das Plakat!
- Schreibe die wichtigsten Informationen gut lesbar auf! Du kannst sie auch auf Papierstreifen schreiben und dann aufkleben.
- Klebe passende Bilder dazu auf!

3 **Ordne das Material für deinen Vortrag!**

- Lege die Reihenfolge fest!
- Schreibe auf einen Zettel oder auf Karteikarten einen kurzen Ablaufplan mit Stichpunkten!
- Schreibe auf, wann du welches Material zeigen möchtest!

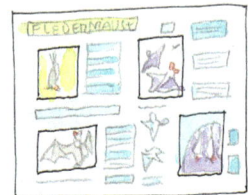

4 **Übe deinen Vortrag!**

- Überlege dir eine gute Einleitung! Lerne sie auswendig!
- Bilde aus deinen Stichpunkten mündlich Sätze!
- Sprich deutlich!
- Schau zwischendurch auf deine Stichpunkte!
- Zeige beim Sprechen an passender Stelle auf dein Material!
- Finde einen kurzen Schluss!

Wer hat noch eine Frage?

Strategien zur Vorbereitung eines Vortrags kennen lernen: Informationen finden und ordnen, ein Plakat gestalten

Einen Vortrag halten und einschätzen

Solche Sätze leiten einen Vortrag ein:

Sind Fledermäuse gefährlich?
ODER:
In vielen Vampirgeschichten kommen Fledermäuse vor. Warum ist das so?
ODER:
Ich möchte euch heute über Fledermäuse informieren.

1 Nutze eine Checkliste, um einen Vortrag einzuschätzen!

Name: _____	☺	😐	☹	Tipps
… hat für alle gut sichtbar im Raum gestanden.				
… hat frei mithilfe von Stichpunkten gesprochen.				
… hat verständlich und nicht zu schnell gesprochen.				
… hat Blickkontakt zu den Zuhörenden aufgenommen.				
… hat vorbereitete Materialien verwendet (Plakat, Bilder, …).				
… hat Anschauungsmaterial (z.B. Gegenstände) in den Vortrag einbezogen.				
… hat interessante Informationen mitgeteilt.				
Das war besonders gut:				

 2 Wertet gemeinsam eure Checklisten aus!
Fangt mit dem an, was euch gefallen hat!
Begründet eure Meinung sachlich und mit Beispielen! Gebt Tipps!

Strategien für die sachliche Einschätzung eines Vortrags kennen lernen: Checkliste nutzen, Leistungen einschätzen lernen

55

Tierliebe?

1 Lies den Text!

Endstation Autobahn
17.07.
Zum Ferienbeginn werden in Deutschland rund 70 000 Tiere ausgesetzt. Das sind nicht nur Hunde und Katzen, sondern auch exotische Haustiere wie Schlangen. Die Tierheime platzen aus allen Nähten.

2 Hast du schon einmal etwas Ähnliches gehört oder gelesen? Berichte davon!

 3 Die Kinder diskutieren, ob es sinnvoll ist, ein Haustier zu halten.

⚀ Ordne die Argumente in eine Tabelle!

Pro (dafür)	Kontra (dagegen)

⚁ Ordne die Argumente als Stichpunkte in eine Tabelle!

⚂ Ordne die Argumente als Stichpunkte in eine Tabelle! Finde mindestens zwei weitere Argumente dafür und dagegen!

Ein Tier kann man sehr lieb gewinnen.

Ich finde, durch die Spaziergänge mit meinem Hund bewege ich mich viel mehr an der frischen Luft.

 Meinem Tier könnte ich alles erzählen, was mich beschäftigt.

Wir finden niemanden, der unseren Hund im Urlaub pflegt.

 Unsere Wohnung ist viel zu klein für ein Tier.

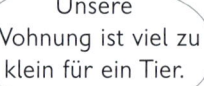

 4 Was denkt ihr über Haustierhaltung? Tauscht euch darüber aus! Begründet eure Meinung mit **weil**, **denn** oder **da**!

Pro (dafür)	Kontra (dagegen)
Ich bin derselben Meinung wie …, **da** …	Da bin ich anderer Meinung, **weil** ….
Was … sagt, finde ich richtig, …	Da möchte ich widersprechen, …
Ich finde, das … Recht hat, **denn** …	Was … sagt, ist nicht richtig, **da** …
Mit der Meinung von … bin ich einverstanden, **weil** …	Mit der Meinung von … bin ich nicht einverstanden, **denn** …

einen Sachverhalt aus verschiedenen Perspektiven betrachten; Argumente finden; eine Pro-und-Kontra-Diskussion führen
AH S. 36

 5 Vergleicht den Text mit dem Bild! Sprecht darüber!

Wellensittiche artgerecht halten

Der Wellensittich ist ein Haustier, das viel
Zuwendung braucht. Das neugierige Wesen
des Vogels verlangt täglich Beschäftigung und
Spiel, vor allem, wenn man vorerst nur ein Tier
alleine hält. Am wohlsten fühlt sich ein Wellensittich aber mit Artgenossen, denn in der Natur
ist er ein Schwarmtier mit viel Familiensinn.
Es ist ein besonderes Vergnügen, zu beobachten,
wie sich zwei Wellensittiche anfreunden und dann den ganzen Tag
mit der gegenseitigen intensiven Gefiederpflege beschäftigt sind.
Wenn man nur einen Wellensittich hat, sollte man sich zumindest viel
mit ihm beschäftigen, damit er nicht vor Einsamkeit verkümmert.

 6 Schreibe deine Meinung auf!

 7 Bildet Expertengruppen zur artgerechten Haltung von Haustieren!
Sammelt euer Wissen! Informiert euch, wenn es noch Fragen gibt!

 8 Entwickelt in den Expertengruppen ein Plakat
zur Haltung des ausgewählten Tieres!

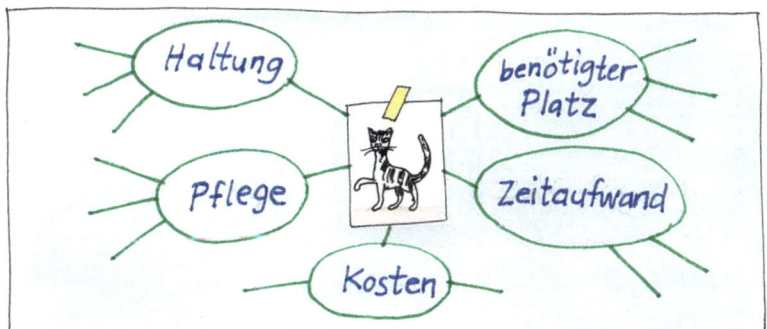

Blaue Seiten

Wörter mit ss oder ß

1 Schreibe die Lösungswörter mit **ss** auf!
Markiere die kurzen Selbstlaute vor **ss** (.)!

Rätsel

n… ist zumeist, was das **F**… enthält,
der **H**… ist, was die Welt vergällt,
den **P**… braucht, wer in ferne Länder zieht,
der **B**… gehört zu einem tief gesung'nen Lied.

Vergällen heißt verärgern!

2 Von drei Substantiven aus Aufgabe 1
lässt sich die Mehrzahl bilden.
Schreibe so: *das Fass – die …, …*

3 Suche zu den restlichen Lösungswörtern
aus Aufgabe 1 verwandte Wörter!

4 Reime weiter!

hassen	essen	reißen	fließen	küssen
p…	m…	b…	sch…	m…
f…	fr…	h…	g…	

5  Setze Selbstlaute oder Umlaute ein!

die Rassel – der Rüssel   die Gosse – die G▮sse
die Risse – die R▮sse   die Flosse – die Fl▮sse
der Schluss – das Schl▮ss   die Kasse – die K▮sse

🎲 eine Reihe   🎲 zwei Reihen   🎲 drei Reihen

6 Schreibe zu den Verben verwandte Substantive auf!
Kennzeichne die kurzen und die langen betonten Selbstlaute!
Schreibe so: *passen – der Pass, küssen – der …*

passen, küssen, messen, fließen, reißen, schießen, gießen, spaßen

7 Bilde das Präteritum und das Perfekt:
fließen – er floss – er ist geflossen, …

fließen, passen, reißen, küssen, beißen, gießen, fressen

W

beißen
der Bass
das Fass
fassen
fließen
er floss
er fraß
fressen
die Gasse
der Hass
der Kuss
küssen
messen
er misst
nass
der Pass

merke:
der Bus
das Gras
das Geheimnis

8 Setze als Brückenwort immer ein Wort
aus der Wörterleiste ein!
der Nebenfluss – der Flussarm, …

NEBEN · ARM · TÜR · GRABEN · KARTOFFEL · MEHL · BAND · EINHEIT

9 **ss** oder **ß**? Setze richtig ein!

ein gro⬚er Spa⬚,
ein Kü⬚chen geben,
einen Strau⬚ pflücken,
auf eine harte Nu⬚ bei⬚en,
durch eine enge Ga⬚e gehen,
ein Schu⬚ ins Tor, die Oma gr⬚ßen,
sehr verge⬚lich sein,
mit dem Bandma⬚ genau me⬚en,
das Ma⬚, drau⬚en warten,
au⬚en und innen, einen Strau⬚ füttern

> Ich spreche das Wort
> mehrmals. Klingt der Selbstlaut
> kurz, schreibe ich **ss**.

> **ß** schreibe ich
> nur nach Zwielauten und
> langen Selbstlauten.

10 Stimmt das? Ergänze!
Die Motte … am wenigsten, weil sie immer nur Löcher ….
Der Hase gehört zu den gefrä…igen Tieren,
weil er mit zwei Löffeln fri…t.

11 In jeder Reihe gibt es zwei schwarze Schafe.
Nennt sie und begründet eure Entscheidung!

der Kuss	der Fluss	das Maß	der Biss	der Spaß
beißen	reißen	der Strauß	das Floß	fließen
vergessen	messen	fressen	küssen	müssen

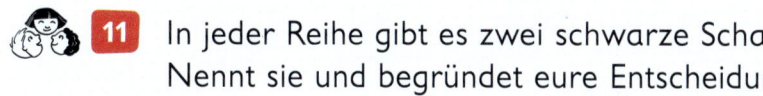

Manche Tiere beißen
Der Biss einer Giftschlange kann tödlich sein. Andere Tiere
fassen mit ihrem Gebiss schmerzhaft zu. Sie wollen uns nicht
fressen. Sie wehren sich bloß. Auch Strauße können beißen.

ZUM ÜBEN

Freundeseite

Tier oder nicht?

 Erzählt eine Geschichte mit Schattenspielfiguren!

Eselsohr

Löwenzahn

Maus

Katzenzunge

Feder

Fliege

Schnecke

Hahn

Scholle

Boxer

Star

Jaguar

 Spielt in der Klasse „Teekesselchen"!
Zwei Kinder suchen sich einen Begriff aus.
Kind 1 gibt eine Information zu seinem Begriff:
Mein Teekesselchen ist aus Papier.
Kind 2 gibt eine Information zu seinem Begriff:
Mein Teekesselchen hat Fell.
Wenn der Begriff nicht geraten wird, geben beide Kinder
eine weitere Information.

eine Geschichte mit kreativer Veranschaulichung erzählen; gemeinsam spielen
(Homonyme erklären)

Kreuz und quer durch unser Land

Wandern heißt auf eigenen Füßen gehen,
um mit eigenen Augen zu sehen,
mit eigenen Ohren zu hören.

Wilhelm Heinrich Riehl

Welche dieser Sehenswürdigkeiten hast du schon besucht?
Berichte über weitere Sehenswürdigkeiten,
die du in unserem Land gesehen hast!

Bei uns zu Haus – Bi uns tu Hus – Bei uns dahemm

1 Wähle einen Text und trage ihn mundartlich vor!

Ick sitze da und esse Klopps.
Uff eenmal kloppts.
Ick jeh' zur Tür und denk', nanu,
erst war se uff, jetz isse zu.
Ick mache uff und kieke,
und wer steht draußen: Icke!

En Frau harr söbtein
Äppel. Negen grot und
acht lütt. Wat mökt
sei, wenn sei de
ünner ehr fiev Kinner
verdeilen will?

„Muddie, mir isses so heeß!" „Schbrich nich so säggsch,
mei Junge! Das heißd nich heeß. Heiß heeßds."

„I gangat gern auf d' Kampenwand, wann i mit meiner Wamp'n kannt!"

2 Ordne die Wörter der jeweiligen Mundart zu!

berlinerisch: verduften, …
plattdeutsch: die Diern, …
sächsisch: der Nischl, …
bayerisch: der Bua, …

> Für Mundart
> gibt es keine
> Rechtschreibung.

> Prima!
> Dann braucht
> man sich an
> keine Regeln
> zu halten!

Morschn!   Griaß die God!   Moin!   Tach och!

lütt   die Schnute   der Leffe   das Radscho

die Omme   ditschn   der Pfanakuacha   die Buddel

3 Sucht euch einen Witz aus und tragt ihn mit verteilten Rollen vor!

Mudder: „Wat heft wi för ne plietsche Diern!
So'n schniekes Tüchnis!"
Vadder: „Jo, ehrn Verstand hett se jo von mi."
Mudding: „Stimmt, ik heff mien je noch."

Susi: „Steht mir der
Strohhut jut?"
Pepe: „Ausjezeichnet! Wie
aus'n Kopp jewachsen!"

Siechfried: „Babba, hier schdehd
‚ägyptisch', was issn das?"
Babba: „Egibbdisch? Nu ganz
efach, das isse Disch zum gibben."

Lehrer:
„Welcher Vogel baut kein Nest?"
Korbi: „Da Guggu!"
Lehrer: „Ganz guad. Und warum nicht?"
Korbi: „Weil a in ana Uhr drin wohnt!"

Deutschland – Kartoffelland?

1 Lies den Sachtext!

Die ursprüngliche Heimat der Kartoffel ist Südamerika.
Vor 400 Jahren kam die Kartoffel nach Europa.
Anfangs wurde sie nur als Zierpflanze genutzt.
Als Nahrungsmittel setzte sich die Kartoffel später durch.
Heute gilt die Kartoffel als gesundes und vitaminreiches
Grundnahrungsmittel.
Überall in Deutschland gibt es unzählige Kartoffelgerichte.

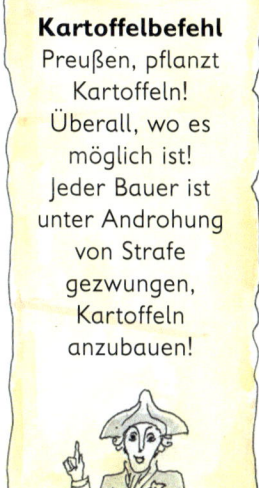

Kartoffelbefehl
Preußen, pflanzt Kartoffeln!
Überall, wo es möglich ist!
Jeder Bauer ist unter Androhung von Strafe gezwungen, Kartoffeln anzubauen!

2 Erklärt einander die unterstrichenen Wörter im Text!
Nutzt euer Wissen über Wortfamilien!

3 Sieh dir das Plakat genau an!
Was erfährst du über den Kartoffelbefehl?

 4 Schreibe das Rezept in der richtigen Reihenfolge auf!
Achte auf verschiedene Satzanfänge!

Rezept
für 8 Personen:

- 2 kg Kartoffeln
- eine mittelgroße Zwiebel
- 4 Eier
- 60 g Weizenmehl
- etwas Salz
- 250 ml Speiseöl (18 Essl.)

die Puffer von beiden Seiten braun und knusprig backen

den Teig esslöffelweise hineingeben und flach drücken

zu einem Brei vermischen   alles mit Salz würzen

die Kartoffeln schälen und die Schale der Zwiebel abziehen

in den Brei 4 Eier und 60 g Weizenmehl rühren

beide Zutaten waschen und reiben   etwas Speiseöl in der Bratpfanne erhitzen

Zuerst …

Zum Schluss …

5 Findet Interessantes rund um die Kartoffel heraus!
- Welche Bezeichnungen gibt es für die Kartoffel?
- Wie heißen Kartoffelpuffer in anderen Regionen Deutschlands?
- Mit welcher List hat Friedrich der Große versucht, seinen Kartoffelbefehl umzusetzen?

unbekannte Wörter in einem Sachtext aus dem Textzusammenhang und über die Wortfamilie klären; Informationen entnehmen; einen Vorgang (Rezept) beschreiben

63

Berlin – unsere Hauptstadt

1 Sieh dir den Weg an, den die Klasse 4a bei ihrem Besuch
in der Hauptstadt nimmt!

2 Erklärt euch gegenseitig mithilfe der Karte den Weg der Kinder!
Ordnet die passenden Ortsangaben zu!

Wo treffen sich die Kinder?

Wohin fahren die Kinder?

Wo machen die Kinder ein Klassenfoto?

Wohin wollen die Kinder gehen?

Wo steht die Weltzeituhr?

auf dem Alexanderplatz
vor dem Brandenburger Tor
an der Haltestelle Bellevue
zum Fernsehturm
zum Reichstagsgebäude

3 Schreibe die Fragen und die passenden Antworten
in vollständigen Sätzen auf!
Wo treffen sich die Kinder? Sie treffen sich an der …

4 Schreibe zu jedem Satz die passende Frage nach der Ortsangabe!
Der Berliner Dom liegt an der Spree. Wo liegt der Berliner Dom?

Der Berliner Dom liegt an der Spree.

Die Kinder fahren in die Hauptstadt.

Auf der Spree fahren viele Ausflugsdampfer.

Alle laufen zum Fernsehturm.

> Das sind **Präpositionen** (Verhältniswörter): **MERKE DIR**
> **an, auf, hinter, neben, in, über, unter, vor, zwischen.**
> Sie geben das **Verhältnis von Dingen oder Personen zueinander** an:
> • den **Ort: Wo?** → *auf dem* Markt stehen (3. Fall / Dativ)
> • die **Richtung: Wohin?** → *auf den* Markt gehen (4. Fall / Akkusativ)
> Manchmal werden Präpositionen und Artikel zusammengezogen.
> *zu dem Turm* → *zum* Turm, *bei dem Haus* → *beim* Haus

Das Reichstagsgebäude

1 Lies den Text!

Die Klasse 4a möchte auch in das Reichstagsgebäude.
Der Bus fährt die Kinder zum Platz der Republik.
Im Reichstagsgebäude befindet sich der Sitz des Deutschen
Bundestages. Besonderes Merkmal ist die Kuppel über dem Plenarsaal.
In ihrem Inneren kann man über eine Treppe bis zur Dachterrasse
gelangen. Von hier aus kann man bis zum Stadtrand von Berlin sehen.

2 Klärt unbekannte Wörter! Schlagt im Lexikon nach!

3 Frage nach den markierten Ortsangaben mit **Wo?** oder **Wohin?**!

⚀ Frage nach zwei Ortsangaben!

⚁ Frage nach vier Ortsangaben!

⚂ Frage nach allen Ortsangaben!

mit, nach, von, seit, zu, aus, bei fordern stets **Fall Nummer drei.**

ohne, um, durch, gegen, für fordern stets **Fall Nummer vier.**

4 Lege eine Tabelle an!
Schreibe die Wortgruppen auf! Verwende die Substantive im richtigen Fall!

	Wo? 3. Fall (Dativ)	**Wohin?** 4. Fall (Akkusativ)
der Plenarsaal	sich vor … treffen	sich vor … stellen
die Dachterrasse	auf … stehen	auf … gehen
die Kuppel	in … stehen	in … steigen

5 Löse das Rätsel!

*Um meine Sehenswürdigkeit zu finden, musst du in
eine große Stadt fahren. Die Sehenswürdigkeit befindet
sich auf einem großen Platz. Der Platz beginnt mit A.
Meine Sehenswürdigkeit ist das höchste Gebäude
in der Stadt. In 200 m Höhe befindet sich eine Kugel
mit einem Restaurant.*

Alexanderplatz >

6 Schreibe ein Rätsel über eine Sehenswürdigkeit aus deiner Umgebung!

Sachinformationen finden

Finde Informationen
in Zeitschriften!

- **Schau** dir die **Titelseite** an:
Passen
Überschriften
oder Bilder
zu deinem
Thema?

- **Überfliege**
das **Inhaltsverzeichnis**:
Findest du einen passenden
Artikel?

47 Erwachsene verstehen: Wird Klugheit vererbt?

48 Warum Castingshows keine Stars machen

52 hoch – höher – am höchsten:
  Berge in Deutschland

54 Mobbing: Was Schüler dagegen tun können

- **Lies** den Artikel!

Finde Informationen
im Internet!

- **Wähle** eine **Kinder-Suchmaschine!**
www.blinde-kuh.de
www.kindernetz.de
www.internet-abc.de
- **Gib** einen **Suchbegriff**
in das Eingabefeld **ein!**

Berge in
Deutschland

- **Prüfe** die Angebote!
- **Wähle** passende Angebote **aus!**

Finde Informationen
in einem Lexikon!

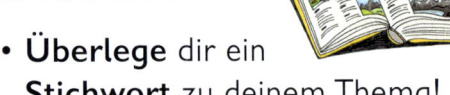

- **Überlege** dir ein
Stichwort zu deinem Thema!
- **Schlage** im Lexikon **nach!**
- Lies den Artikel!
- Lies auch Nebenstichwörter!

Der höchste deutsche Berg
ist die bayerische Zugspitze.
Sie ist 2961,47 m ü. NN hoch.
Das Bundesland Bremen
hat die niedrigste Erhebung.
Sie befindet sich im Stadtteil
Burglesum im Friedehorstpark
und ist 32,5 m hoch.

Finde Informationen **in einer Tabelle!**

Berg	Gebirge	Höhe	Bundesland
Fichtelberg	Erzgebirge	1214 m	Sachsen
Großer Beerberg	Thüringer Wald	982 m	Thüringen
Brocken	Harz	1141 m	Sachsen-Anhalt
Zugspitze	Alpen	1962 m	Bayern

- Lies die **Überschriften** der Spalten!
- Lies die Spalten! ↓
- Lies die Zeilen! →
- Finde Informationen in den Zellen!

Strategien wiederholen zum Sammeln von Sachinformationen:
Titelseite, Inhaltsverzeichnis, Lexikon, Internet, nichtlineare Texte

Sachinformationen ordnen

Um Informationen übersichtlich darzustellen, kannst du eine **Tabelle anlegen**.

1 **Finde** die wichtigen **Informationen**!

Viele Menschen besichtigen jedes Jahr die großen Sehenswürdigkeiten Deutschlands. Der Kölner Dom, die Dresdner Frauenkirche, das Schloss Neuschwanstein und ...

2 **Lege** eine **Tabelle** an! **Überlege** zuerst, wie viele **Spalten** ↓ **und Zeilen** → du brauchst!

3 **Schreibe** in jede Spalte eine **Überschrift**!

Sehenswürdigkeit	Höhe	Baubeginn
Kölner Dom		
Dresdner Frauenkirche		
Schloss Neuschwanstein		

4 **Trage** in jede Zelle die richtigen **Informationen** ein!

Sehenswürdigkeit	Höhe	Baubeginn
Kölner Dom		
Dresdner Frauenkirche	91 m	
Schloss Neuschwanstein		1869

1 Lege zu diesem Text eine Tabelle an!

Benutze ein Lineal, um in der richtigen Zeile oder Spalte zu bleiben!

Viele Menschen besichtigen jedes Jahr die großen Sehenswürdigkeiten Deutschlands. Der Kölner Dom, die Dresdner Frauenkirche, das Schloss Neuschwanstein und der Berliner Fernsehturm gehören dazu. Das sind interessante Bauwerke. So ist zum Beispiel der Berliner Fernsehturm mit seinen 368 m Hohe das höchste Bauwerk Deutschlands. Schloss Neuschwanstein ist 65 m hoch, die Dresdner Frauenkirche misst 91 m und der Kölner Dom 157 m.

Alle Sehenswürdigkeiten wurden zu verschiedenen Zeiten erbaut. So stammt die Dresdner Frauenkirche aus dem 11. Jahrhundert. Baubeginn des Kölner Doms war im Jahr 1248, der des Schlosses Neuschwanstein 1869 und den Berliner Fernsehturm gibt es seit 1965. Es gibt viele interessante Dinge über Deutschlands Sehenswürdigkeiten zu berichten.

Blaue Seiten

Wörter mit b, d, g am Wortstammende oder am Wortende

W

bewegen
erlauben
das Flugzeug
geben
handeln
die Jugend
jugendlich
leben
rauben
schweben
siegen
sterben
tausend
tragen
üben
(sich) verkleiden
(sich) verlieben
(sich) wenden

1 Lest die Sage! Wie viele Wörter mit **b**, **d** oder **g** am Wortstammende oder am Wortende findet ihr?

Im Schloss Köpenick lebte einst eine Prinzessin, die sich gern auf die Jagd begab. Sie verliebte sich in einen Jäger, der sie heimlich im Schloss besuchte. Auf dem Rückweg wandte er sich immer auf der Brücke um und die Prinzessin winkte mit dem Schleier, den sie trug. Eines Nachts als der Mond schien, bemerkte das ein Bruder der Prinzessin und er übte furchtbare Rache. Die Liebenden mussten sterben. Seit dieser Zeit gab es immer wieder Zeugen, die über dem Wasser zwischen Schloss und Brücke einen weißen Schleier schweben sahen.

Sage aus Berlin

2 Schreibe aus dem Text Verben mit **b**, **d** und **g** am Wortstammende heraus! Markiere den Wortstamm! Schreibe so: *sie lebte – leben, …*

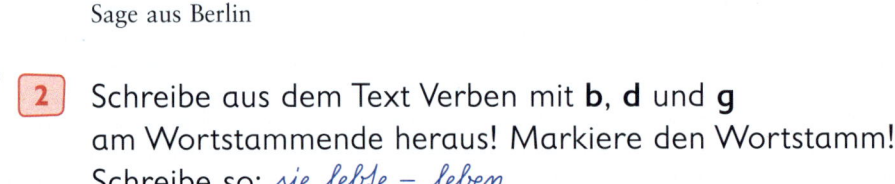

3 Finde verwandte Substantive zu den Verben! Schreibe sie in Einzahl und Mehrzahl auf! Schreibe so: *siegen: der Sieg – die Siege, …*

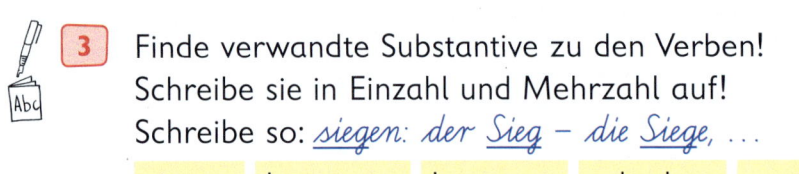

| siegen | bezeugen | bewegen | erlauben | rauben | handeln | verkleiden |

4 Welche Wörter aus der Wörterleiste stehen hier in Geheimschrift?

5 Finde verwandte Verben mit den Wortbausteinen **ver-** und **aus-**! Schreibe Wortgruppen auf!
das Fenster mit einem Tuch verhängen, die Tür aushängen …

| hängen | graben | geben | tragen | handeln |

Wörter mit b, d, g am Wortstammende und Wortende: verwandte Wörter und Wortstamm als Hilfe zum Richtigschreiben nutzen, Wortumrisse erkennen **AH** S. 43

6 Schreibe alle Reimwörter auf!
Markiere den Wortstamm!

graben	du biegst	sie raubt	er lebt
sch...	du fl...	sie gl...	er kl...
l...	du s...	sie schr...	er w...
tr...	du w...	er schn...	er schw...

7 Schreibe alle Substantive aus der Wörterleiste
in Einzahl und Mehrzahl auf! Achtung!
Zu zwei Substantiven gibt es keine Mehrzahlform.
der Abend – die Abende, ...

8 Schreibe alle Adjektive aus der Wörterleiste
in den Steigerungsstufen auf!
fremd – fremder – am fremdesten

9 Finde das Gegenteil!

krank – gesund   zahm – w...
dumm – kl...   sonnig – tr...
bekannt – fr...   rau – m...

10 Setze **b** oder **p**, **d** oder **t** und **g** oder **k** richtig ein!
Begründe!

am Aben⬚, den Mon⬚ betrachten, aben⬚s feiern,
mit dem Ra⬚ fahren, auf einen guten Ra⬚ hören,
das Zel⬚ aufbauen, gesun⬚ leben, mit Gel⬚ bezahlen,
das Gepäck zum Zu⬚ tragen, mit dem Flugzeu⬚ fliegen,
die Wel⬚ von oben sehen, frem⬚ in einem Land sein

W

der Abend
biegen
der Berg
der Brand
die Burg
fremd
gesund
das Gold
graben
der Grund
jemand
klug
das Land
das Laub
das Lied
mild
der Mond
rauben
trüb
der Urlaub
wild

b oder **p**?
d oder **t**?
g oder **k**?
Verlängere
das Wort!

⚀ den Brand auf der Burg schnell löschen
⚁ den milden Abend genießen
⚂ das wertvolle Gold wiegen
⚃ das bunte Laub harken
⚄ jemanden treffen
⚅ tausend wilde Lieder singen

ZUM ÜBEN

Wörter mit b, d, g am Wortstammende und Wortende: Verlängerungs- und
Ableitungsstrategien anwenden und begründen; Würfeldiktat zum Üben nutzen

69

Freundeseite

Stadtrallyes

Fotorallye

Stellt eine Liste mit den wichtigsten Sehenswürdigkeiten zusammen!
Fotografiert diese Orte auf eurer Stadtrallye!
Stellt eure Fotorallye einer anderen Klasse vor!

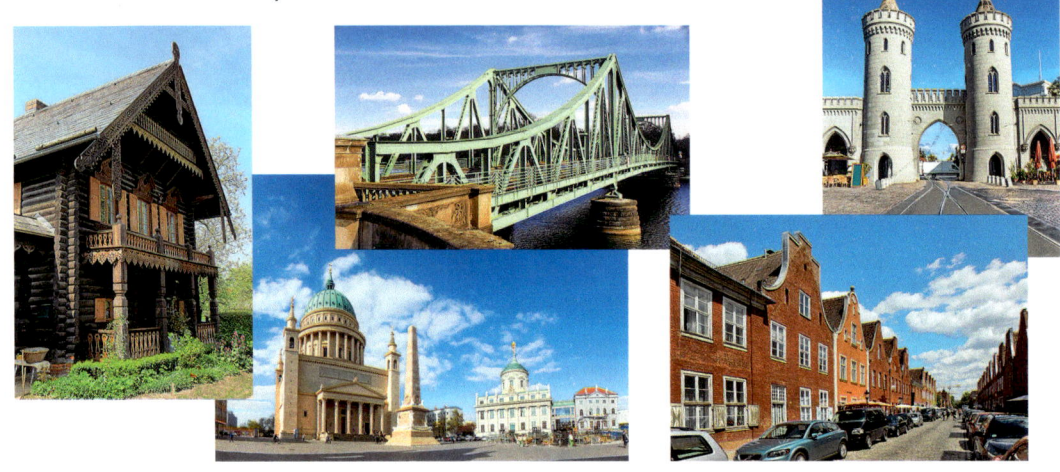

Stempelrallye

Besucht fünf Geschäfte!
Bittet in jedem Geschäft
freundlich um einen Stempel!

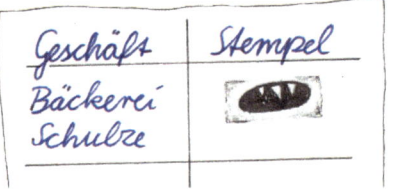

Schuhkartonrallye

Ermittelt, wie viele Schuhkartonlängen
die folgenden Gebäude und Sachen messen:
die Länge der Kirche, die Höhe einer Statue,
die Höhe eines parkenden Autos ....
Tauscht euch vorher dazu aus, wie ihr am sinnvollsten messt!

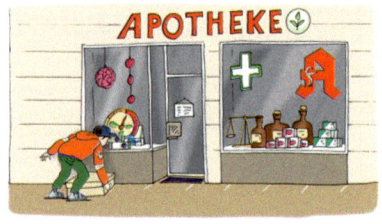

Fragenrallye

Formuliert verschiedene Fragen zu eurer Stadt!
Die gegnerische Mannschaft muss sie beantworten.
Zum Beispiel: Wie viele Fenster hat das Rathaus?

Seltsames und Interessantes

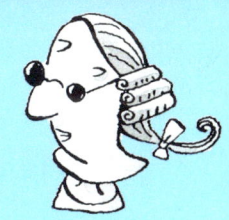

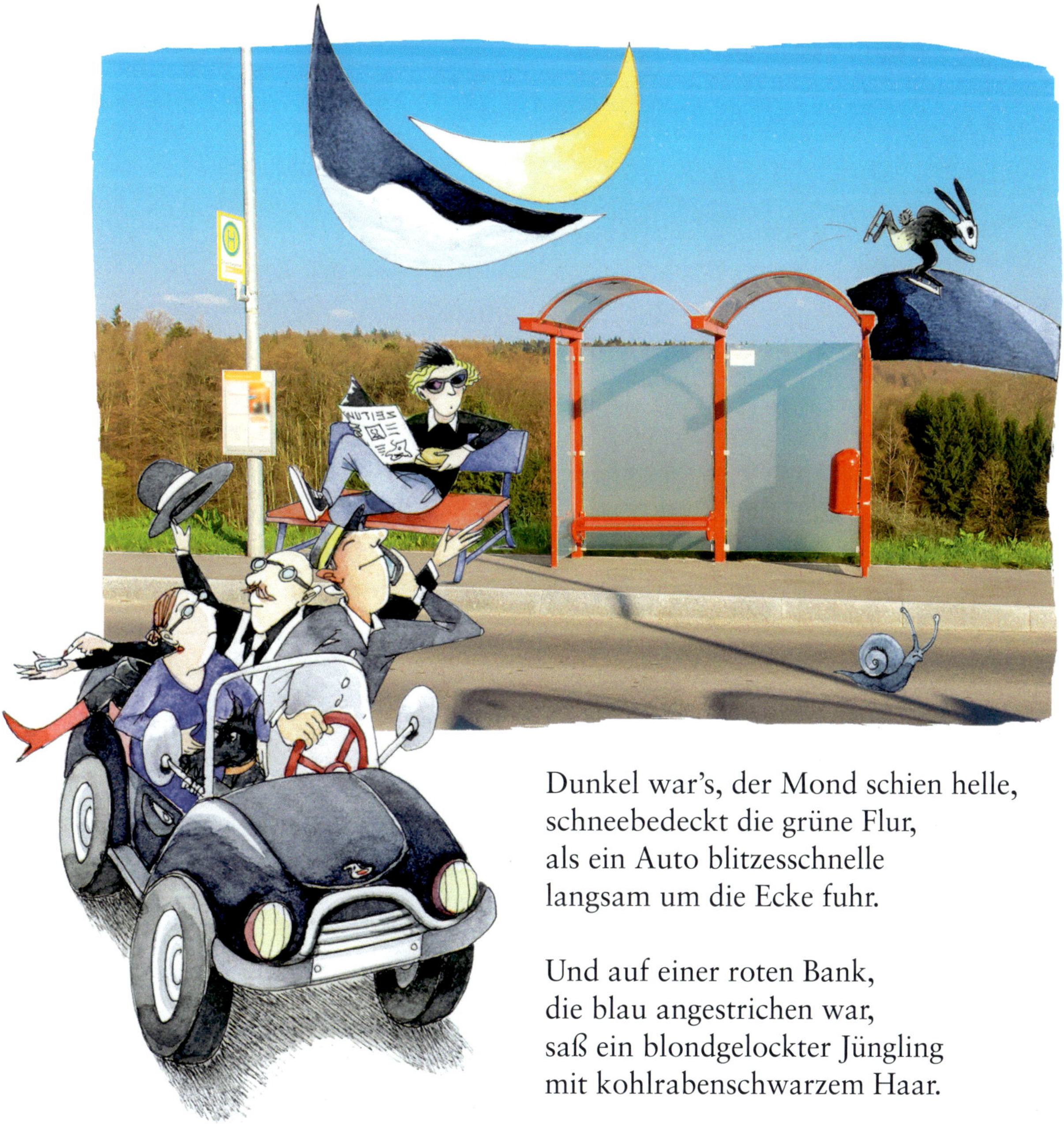

Dunkel war's, der Mond schien helle,
schneebedeckt die grüne Flur,
als ein Auto blitzesschnelle
langsam um die Ecke fuhr.

Und auf einer roten Bank,
die blau angestrichen war,
saß ein blondgelockter Jüngling
mit kohlrabenschwarzem Haar.

Volksmund

Welche seltsamen Dinge sind dir schon passiert?
Hast du schon einmal über etwas besonders Interessantes gelesen?

Gedicht (bestehend aus Oxymora) und Bild als Anregung für Sprachspiele nutzen;
eigene Gedanken formulieren

Wie Eulenspiegel auf dem Seil tanzte

 1 Lest den Schwank oder lasst ihn euch vorlesen!

Als Till Eulenspiegel ein sehr junger Mann war,
hatte er wenig Freude am Erlernen eines Handwerks.
Aber er hatte viele Dummheiten und Narrheiten im Kopf.
So wollte er unbedingt das Seiltanzen lernen.
Bei seinem ersten Auftritt fiel er vor den staunenden Menschen seines Dorfes
ins Wasser. Alle lachten ihn aus, verspotteten und verhöhnten ihn.

Wieder einmal spannte Till sein Seil aus.
Dieses Mal zwischen zwei anderen Häusern. Natürlich kamen alle
Kinder und Bauersleut' angerannt. Sie lachten über Till und fragten,
ob er wieder vom Seil fallen wolle. Einige riefen, er müsse unbedingt
5 herunterfallen, sonst mache ihnen die ganze Sache keinen Spaß.

Eulenspiegel aber sagte: „Heute zeige ich euch etwas noch viel
Schöneres. Ihr müsst nur eure linken Schuhe ausziehen und sie mir
aufs Seil geben." Erst wollten sie nicht recht. Doch dann zog einer
nach dem anderen seinen linken Stiefel aus und schließlich hatte Till
10 hundertzwanzig linke Schuhe vor sich liegen! Er knüpfte sie mit den
Schnürsenkeln zusammen und kletterte, mit dem Stiefelberg beladen,
aufs Seil hinauf.

Unter ihm standen hundertzwanzig Zuschauer und jeder von ihnen hatte
nur noch einen Schuh an. Eulenspiegel ging nun, vorsichtig balancierend,
15 mit dem riesigen Schuhbündel Schritt für Schritt auf dem Seil vorwärts.
Als er in der Mitte des Seils angekommen war, knüpfte er die Senkel auf
und rief: „Aufgepasst!" Und dann warf er die hundertzwanzig Schuhe
auf die Straße hinunter. „Da habt ihr eure Pantinen wieder!", rief er
lachend. „Passt aber gut auf, dass ihr sie nicht vertauscht!" Da lagen nun
20 hundertzwanzig Schuhe auf der Straße, bunt durcheinander …

Erich Kästner

 2 Überlegt in der Gruppe, wie der Schwank enden könnte!

 3 Ermittelt das Ende des Schwankes! Vergleicht mit euren Ideen!

 4 Erzähle den Schwank nach! Nutze Stichpunkte!

einen Schwank kennen lernen; den Inhalt eines Schwanks verstehen; das Ende eines Schwanks
erzählen

Das Orchester der Tiere

1 Trage das Gedicht vor!

„Viel zu oft derselbe Kram!",
dachte sich der Löwe lahm
und spielte – reichlich unverzagt –
falsche Noten – ungefragt!
Erst zuckte ein Öhrchen,
dann wippte ein Schwanz.
Der Dirigent bat das Nilpferd zum Tanz.
So ist es halt bei solchen Sachen:
Einer muss den Anfang machen.

So gab es dann kein Halten mehr.
Die Maus, das Schwein, der Grizzlybär
tanzten, bis die Schwarte krachte,
bis morgens früh die Sonne lachte.
Auch der Löwe grinste nett,
ging nach Hause, fiel ins Bett,
dachte an das schöne Gnu
und machte dann die Augen zu.

Stephan Pricken

2 Finde alle zwölf Wörter zum Wortfeld **sagen**!

schauen   beobachten   sprechen   antworten   glotzen   kreischen
schielen   mitteilen   erzählen   fragen   berichten   gucken   brüllen
schnattern   plappern   rufen   starren   flüstern   entdecken

3 Welches Tier möchte welches Instrument spielen?
Schreibe Sätze mit wörtlicher Rede!
Verwende verschiedene Verben aus dem Wortfeld **sagen**!
Der Kakadu sagt: „Ich spiele den Kakadudelsack."

4 Was gehört zu einem Orchester? Erweitert die Mindmap!

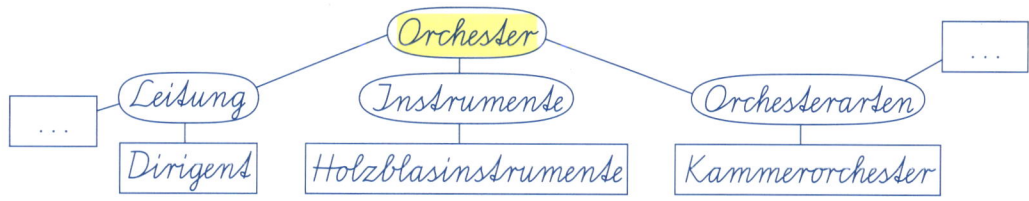

Eine total ungewöhnliche Person

1 Löse das Rätsel!

Ich bin eine Buchfigur, eine sehr wunderliche,
sehr lustige und sehr merkwürdige Person.
Die Autorin Astrid Lindgren hat mich erfunden. Sie lebte in Schweden.
Seit einigen Wochen wohne ich mit meinem Pferd und dem Äffchen,
Herrn Nilsson, in der Villa Kunterbunt. Wenn ich gute Laune habe,
stemme ich mein Pferd dreimal in die Höhe.
Ich bin 10 Jahre alt, aber im Jahr 2045 werde ich schon 100 Jahre alt sein.
Schon seit dem Jahr 1945 liege ich als Buch in den Bücherläden.
Heute ist das Buch auf der ganzen Welt bekannt.
Wenn du deine Nase in mein Buch steckst, wirst du mit mir
schon bald ganz verrückte Sachen erleben. Wer bin ich?

2 Frage nach den unterstrichenen Wortgruppen!
Ordne sie in eine Tabelle!

Wann? Seit wann? Wie lange? Wie oft? Bis wann? (Zeitangabe)	Wo? Woher? Wohin? (Ortsangabe)
…	in Schweden

Wie alt werdet ihr im Jahr 2045 sein?

3 Schreibe den Text ab! Finde fehlende Informationen!
Markiere Zeit- und Ortsangaben in unterschiedlichen Farben!

Majas Lieblingsbuch ist *Ronja Räubertochter*. Sie liest es am liebsten im Bett.
Astrid Lindgren hat das Buch … geschrieben. Verfilmt wurde es im Jahr … .
Den Film könnte sich Maja jeden Tag ansehen.
Das Hörbuch hat sich Maja aus der Bibliothek geliehen.
Um es anzuhören, benötigt Maja etwa … Stunden.

Orts- und Zeitangaben sind **Satzglieder**.   **MERKE DIR**
Nach der **Ortsangabe** kann so man fragen:
Wo? Woher? Wohin?
*Wo liest Maja ein Buch? Maja liest **im Bett**.*
Nach der **Zeitangabe** kann man so fragen:
Wann? Seit wann? Wie lange? Wie oft? Bis wann?
*Wann wurde das Buch verfilmt? Das Buch wurde **im Jahr 1984** verfilmt.*

Pippi in Taka-Tuka-Land

1 Lies den Text!

Pippi fährt <u>im Sommer</u> nach Taka-Tuka-Land.
Dort lebt <u>seit Jahren</u> ihr Vater.
Pippi will <u>sechs Monate</u> bleiben.
Ihre Freunde dürfen <u>in diesem Jahr</u> mit.
<u>Bis zum Sommer</u> müssen sie sich gedulden.
Sie wollen <u>noch viele Male</u> mitfahren.

2 Frage nach den unterstrichenen Zeitangaben!
Wann fährt Pippi? – im Sommer

> **Wann?** Das passt hier nicht immer.

> Es gibt noch andere Fragewörter. Schau auf Seite 74!

3 Durch Ortsangaben und Zeitangaben erfährst du mehr!
Erweitere den Satzbauplan! Bilde sinnvolle Sätze!

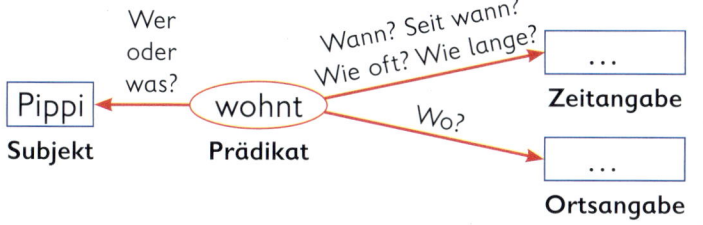

Wer oder was?		Wann? Seit wann? Wie oft? Wie lange?	...	seit Jahren
Pippi	wohnt		Zeitangabe	in Taka-Tuka-Land
Subjekt	**Prädikat**	Wo?	...	schon einige Tage
			Ortsangabe	in der Villa Kunterbunt

seit Jahren
in Taka-Tuka-Land
schon einige Tage
in der Villa Kunterbunt
viele Wochen
auf dem Schiff Hoppetosse

4 Stelle einen deiner Sätze um, sooft es geht!
Seit Jahren wohnt Pippi ...

5 Bilde sechs Sätze mit diesen Orts- und Zeitangaben!
Schreibe so: *Pippi sitzt stundenlang auf dem Gartenzaun.*

Wann? Seit wann? Wie lange? Wie oft? Bis wann? (Zeitangaben)	Wo? Woher? Wohin? (Ortsangaben)	Prädikat
am Nachmittag	auf dem Gartenzaun	sitzen
am Morgen	in den Zirkus	gehen
stundenlang	in den hohlen Baum	klettern
in der Stunde	vom Schornstein	springen
einen ganzen Tag lang	im Garten	suchen
bis zum Abend	auf dem Fußboden	malen

6 Schreibe Sätze mit anderen Orts- und Zeitangaben!

Eine Mindmap erstellen

Eine Mindmap ist eine **Landkarte für deine Gedanken**.
Sie hilft dir, Ideen, Gedanken oder dein Wissen übersichtlich zu sammeln.

1 **Finde** ein **Thema**, um das sich alles drehen soll!

Nimm ein großes weißes Blatt und lege es quer vor dich hin!
Schreibe oder male dein **Thema** in die Mitte des Blattes!
Kreise es farbig **ein**!

2 **Überlege**, welche Themen dir dazu einfallen!

Zeichne Hauptäste!
Schreibe die Themen an die Hauptäste!
Kreise sie in einer Farbe ein!

3 Fülle deine Mindmap mit allen Ideen, die dir einfallen!

Ordne Gedanken, die zusammengehören, als Zweig an einen Hauptast!
Schreibe Gedanken eines Zweiges in einer Farbe!
Du kannst auch zeichnen.

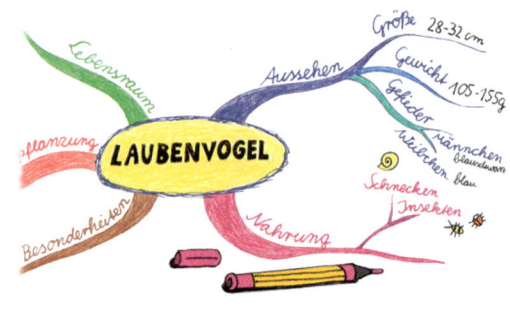

4 Überprüfe deine Mindmap!

- Befindet sich das Hauptthema in der Mitte?
- Sind wichtige Themen an Hauptästen?
- Sind Informationen an den Zweigen?

Eine Mindmap kannst du immer wieder ergänzen.

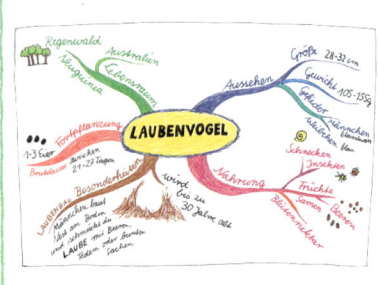

 1 Erstellt eine Mindmap zu einem anderen interessanten Tier!

Einen Sachtext planen und schreiben

1 Überlege:
Über welches Thema möchtest du schreiben?
Für wen möchtest du den Text schreiben?

> Ich möchte für die Klassenzeitung einen Text über Kakerlaken schreiben.

2 **Sammle** zu diesem Thema so viele Informationen wie möglich!

Ordne die Informationen mithilfe einer Mindmap!

3 **Schreibe** mithilfe der Mindmap einen Sachtext!

Formuliere mit dem Thema aus der Mitte eine Überschrift!
Nutze die Äste als Zwischenüberschriften!
Schreibe vollständige Sätze!

> Die Kakerlake
> Die Kakerlake, spanisch „la cucaracha" wird auch Küchenschabe genannt. Viele Menschen ekeln sich vor der Kakerlake. Warum?
> Nahrung
> Schaben sind Allesfresser. Sie sind deshalb so gefährlich, weil sie Krankheiten übertragen ...

4 Überprüfe deinen Sachtext!

Name: _____	ja	nein
- Thema genannt	×	
- alle wesentlichen Informationen aufgeschrieben		
- Teilthemen erkennbar (Zwischenüberschriften)		
- unterschiedliche Satzanfänge verwendet		
- Text gut verständlich		
- Einleitung weckt Interesse		

1 Überarbeite deinen Text mithilfe einer Schreibkonferenz!

Blaue Seiten

Wörter mit langem Selbstlaut (Vokal)

1 Welcher Beruf ist gemeint?
Milena ist von Beruf ...

Ich fotografiere Bilder für verschiedene Zwecke.

Milena

Ich übertrage Texte von einer Sprache in eine andere.

Leon

2 Erzähle von deinem letzten Geburtstag!
Verwende die Wörter **klar**, **spielen** und **zwar**!

⚀ Schreibe drei Sätze!

⚁ Schreibe fünf Sätze!

⚂ Schreibe sieben Sätze!

3 Schreibe Wortpaare auf!
Markiere den kurzen Selbstlaut (.) oder
den langen Selbstlaut (_) in den betonten Silben!

die Träne – das Kätzchen
die Ferien – das Fest
und – der Beruf
das Obst – doch

Diese Wörter spreche ich genau und deutlich mit.

4 Wohin geht es in den Ferien?
In den Ferien geht es an den ...

5 Schreibe zu jedem Verb der Wörterleiste ein passendes Substantiv auf!
Markiere den Wortstamm!
sich erholen – die Erholung, schnüren – ...

ZUM ÜBEN

Alex hat einen tollen Beruf. Er arbeitet viel.
Nun möchte er sich schonen. Er will sich in den Ferien
richtig erholen. Alex wird seinen Rucksack schnüren
und wandern gehen. Darauf freut er sich schon.

W

der Beruf
damals
sich erholen
die Ferien
die Fotografin
die Geburt
klar
malen
das Obst
rasen
rufen
schnüren
schonen
spülen
stören
strömen
suchen
die Träne
zwar

Wörter mit a/ä oder au/äu

backen
der Bäcker
ernähren
der Garten
der Gärtner
der Gesang
die Nahrung
die Sängerin
verkaufen
der Verkäufer

1 Schreibe die männliche und die weibliche Form der Berufe auf!

   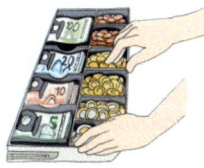

2 Wo ist man in den Berufen aus Aufgabe 1 tätig? Schreibe Sätze!
Eine Bäckerin oder ein Bäcker arbeitet …

3 Ordne die richten Begriffe zu! Schreibe ab!
Langer Pass: Der Ball wird …

Der Ball wird schnell von einem zum anderen Spieler gespielt.
Der Spieler muss über eine lange Distanz passen.
Der Ball wird schräg nach vorn gepasst.
Die Pässe werden direkt hintereinander ausgeführt.
Der abgebende Spieler spielt den Ball nach hinten ab.

Sind die Wörter einer Wortfamilie miteinander **verwandt**?

 Langer Pass  Rück-pass  Doppel-pass  Kurz-pass  Diagonal-pass

4 Bilde Wortfamilien! Unterstreiche den Wortstamm!

backen — *der Bäcker, der Backautomat …*
ernähren — …
quälen — …

Ja! Jede **Wortfamilie** hat einen **gemeinsamen Wortstamm**.

Die Erkältung

Heute kommt Oma. Paula ist erkältet. Es ist eine Qual.
Sie kann keinen Kuchen backen. Deshalb läuft sie
zum Bäcker. Es regnet und die Nässe durchdringt den Mantel.
Paula denkt: „Nun bekomme ich sicher auch noch Fieber und werde
mich weiter quälen." Oma schaut ängstlich, doch Paula beruhigt sie
und sagt: „Morgen werde ich zu meiner Ärztin gehen."

Freundeseite

Großartig, großartig!

Sportschuhe mit Stollen
Adi Dassler hatte einen großen Traum:
Jeder Sportler sollte für seine Disziplin
den optimalen Sportschuh erhalten.

Benjamin Franklin war
ein amerikanischer
Politiker und Natur-
wissenschaftler. Er war
vielseitig interessiert.
So war er Mitautor
der amerikanischen
Verfassung von 1787
und er erfand …

Johannes Gutenberg

Zwei Nobelpreise
Marie Curie war
die erste Frau,
die …

Ina Pfeiffer   Siri

Fernando de Magellan

Johannes Kepler   Malala Yousafzai   Bertha Benz

 Findet gemeinsam heraus, was an den Personen interessant ist!
Gestaltet eine Wandzeitung!

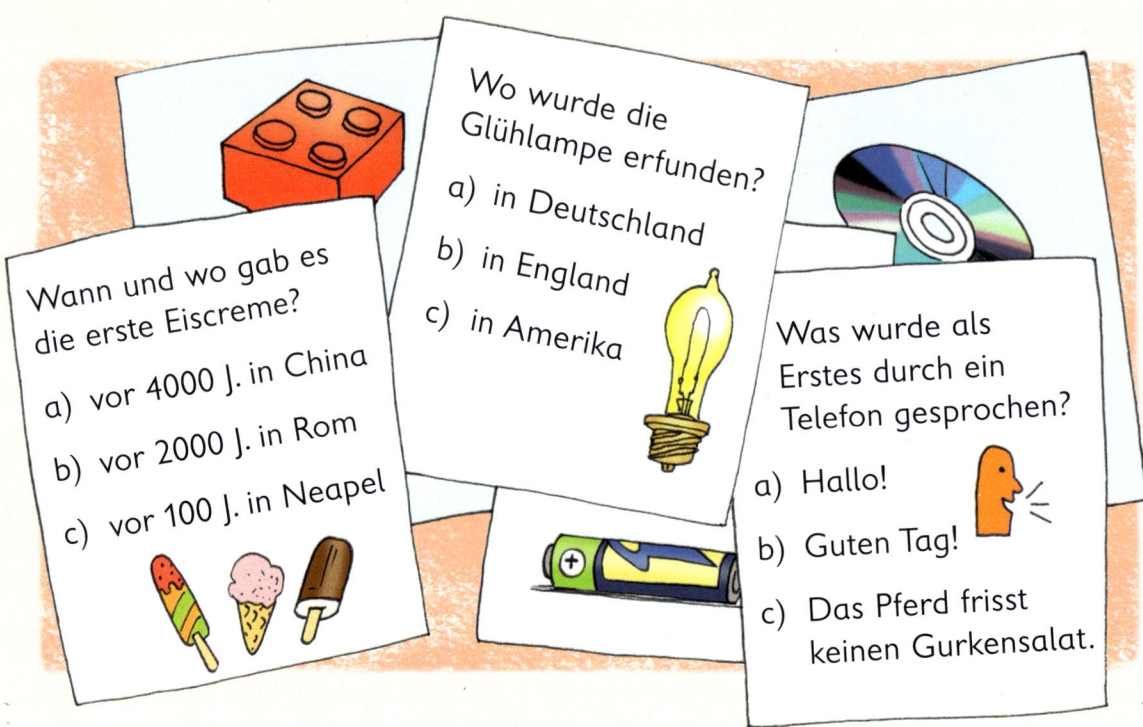

Wann und wo gab es
die erste Eiscreme?
a) vor 4000 J. in China
b) vor 2000 J. in Rom
c) vor 100 J. in Neapel

Wo wurde die
Glühlampe erfunden?
a) in Deutschland
b) in England
c) in Amerika

Was wurde als
Erstes durch ein
Telefon gesprochen?
a) Hallo!
b) Guten Tag!
c) Das Pferd frisst
keinen Gurkensalat.

 Bildet Gruppen und überlegt euch Fragen für ein Quizduell in der Klasse!

Im Frühling

Herr Winter geh hinter!

Herr Winter
geh hinter,
der Frühling kommt bald!
Das Eis ist geschwommen,
die Blümlein sind kommen
und grün wird der Wald.

Herr Winter
geh hinter,
dein Reich ist vorbei.
Die Vögelein alle,
mit jubelndem Schalle,
verkünden den Mai!

Christian Morgenstern

Was ist Frühling für dich?

Frühlingsmusik

1 Ordnet den Vögeln treffende Verben zu! Fragt euch gegenseitig so:
Wer flötet? Wer singt? ...

Amsel,
Nachtigall, Lerche,
Buchfink, Storch,
Meise, Schwalbe,
Spatz, Krähe, Elster,
Specht, Taube, Kuckuck

flöten, singen, trillern,
jubilieren, zirpen, klappern,
zwitschern, krächzen,
schnarren, klopfen,
gurren, tschilpen,
rufen

2 Bilde passende Sätze und markiere das Prädikat!
Schreibe so: *Der Specht klopft an einen Baumstamm.*

der Specht	ruft	am späten Abend
ein Kuckuck	klopft	heiser auf einem Ast
der Storch	jubiliert	mit seinem Schnabel
die Nachtigall	krächzt	nur von April bis Juli
die Krähe	klappert	an einen Baumstamm

3 Lest die Sätze und bestimmt die Prädikate! Was stellt ihr fest?

Die Vögel bauen ihr Nest.
Die Vögel bauen ihr Nest aus.
Die Vögel werden ihr Nest bauen.

4 Bilde Sätze und markiere das Prädikat!

aus dem Winterquartier   Die Vögel   zurückkehren

werden   sie   Nun   ihren Brutplatz   bauen

Dort   ihre Eier   sie   hineinlegen

ausbrüten   die Eier   Das Weibchen

die Jungen   Am Ende der Brutzeit   die Eierschale   von innen   aufklopfen

werden   auch   gefüttert   Die Küken   vom Männchen

Rätselhafte Frühlingsboten

1 Löse die Rätsel!

Es ist ein weißes Kätzchen,
ganz ohne Schwanz und
Tätzchen.
Es lebt in keinem Haus.
Bekommst du das Rätsel
raus?

Das Erste ist ein wildes Tier.
Das Zweite putzt du am Morgen dir.
Zusammen ist es gelb und grün,
du siehst es auf der Wiese stehn.

Welches Tier frisst immer mit zwei Löffeln?

2 Erstelle für ein eigenes Frühlingsrätsel eine Wörtersammlung!
Du kannst eine Mindmap oder eine Tabelle nutzen.

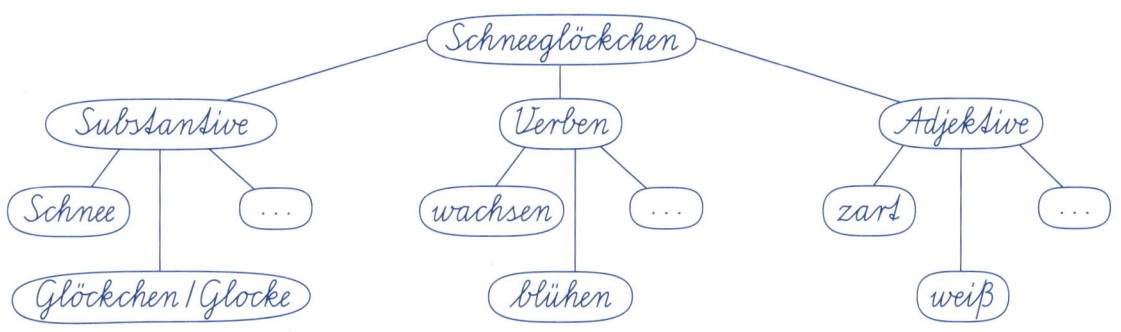

3 Beschreibe deinen Frühlingsboten in einem Rätsel
und bastle dir eine Rätseltasche!

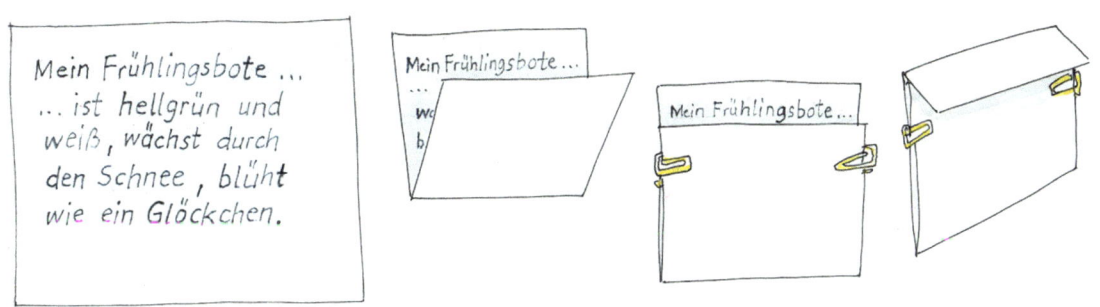

4 Tauscht eure Rätseltaschen und findet die Lösung!

Frühlingszeit – Spielezeit

1 Lies die Spielanleitung für das Hüpfspiel!

- Hüpfplan wie in der Skizze auf den Boden zeichnen
- Wurfstein in der Reihenfolge der Zahlen in die Felder werfen
- auf einem Bein von Feld zu Feld springen
- das Feld, auf dem der Stein liegt, überspringen
- auf dem Rückweg den Stein mitnehmen
- bei Fehler beim Werfen oder Springen eine Runde aussetzen

2 Schreibe die Spielanleitung als Aufforderung!
Unterstreiche die Aufforderung!

1. <u>Zeichne</u> zuerst den Hüpfplan wie in der Skizze auf den Boden!
2. <u>Wirf</u> einen …

3 Schreibe die Formen der Verben aus Aufgabe 1 so in eine Tabelle!

Grundform	2. Person Einzahl	Aufforderungsform
zeichnen	du <u>zeichnest</u>	zeichne
werfen	du <u>wirfst</u>	wirf

Bildung der Aufforderung mithilfe der 2. Person Einzahl:
helfen ➔ du hilfst – also: hilf

4 Setze das Verb in der Aufforderungsform ein!
Schreibe so: *Ich mag kein Seilspringen. Probiere doch Gummitwist!*

Ich mag kein Seilspringen.

Wollen wir skaten?

Ich möchte Verstecken spielen.

◯ doch Gummitwist!

◯ aber deine Schützer nicht!

Dann ◯ Karam, ob er mitspielt!

probieren

vergessen

fragen

Die **Aufforderungsform** (der Imperativ) des Verbs wird   **MERKE DIR**
für Aufforderungen, Ratschläge oder Einladungen verwendet.
Die Aufforderungsform kann in der Ein- und Mehrzahl gebildet werden.

Grundform	Aufforderungsform	
	Einzahl	Mehrzahl
zeichnen	zeichne	zeichnet
lesen	lies	lest

5 Übertrage die Tabelle und ergänze die fehlenden Formen!
Markiere das Verb!

Einzahl (Singular)	Mehrzahl (Plural)
<u>Erkläre</u> die Spielregeln!	<u>Erklärt</u> euch die Spielregeln!
Höre gut zu!	▮ gut zu!
▮ die Spielfiguren auf!	Stellt die Spielfiguren auf!
Zieh eine Karte!	▮ eine Karte!
▮ die Ereigniskarte vor!	Lest die Ereigniskarten vor!
Räume das Spiel weg!	▮ das Spiel weg!

6 Finde die Grundformen der Verben!
Schreibe so: *Holt her! – herholen*

Holt her!   Wirf hoch!   Lasst los!
Nimm mit!   Lauft weg!

7 Welche Aufforderungen hört man auf dem Sportplatz?
Setze das passende Verb in der Aufforderungsform ein und markiere es!
Schreibe so: *auf den Gegner aufpassen – <u>Pass</u> auf den Gegner <u>auf</u>!*

> auf den Gegner aufpassen, den Schläger herholen, das Seil festhalten,
> den Ball einwerfen, den Pfeil wegschießen, zum Schiedsrichter hingehen

8 Lies den Steckbrief und schreibe eine Spielanleitung
in Aufforderungssätzen!

Name:	**Stabdrücken**
Spielort:	Freifläche wie Wiese, Schulhof
Mitspieler:	zwei Kinder, Schiedsrichter
Material:	• stabiler Holzstab, ca. 3 m lang mit abgerundeten, möglichst gepolsterten Enden • Seil als Mittellinie
Regel:	• Der Stab liegt über der Mittellinie. • Die Mitspieler heben gleichzeitig den Stab auf und versuchen den Gegner über das Seil zu schieben. • Sie halten den Stab dabei seitlich an ihrem Körper.
Verlierer:	der Spieler, der das Seil übertritt

Achtung! Den Stab niemals vor Bauch oder Brust halten, Verletzungsgefahr!

Blaue Seiten

Wörter mit ie

1 Schreibe die Sätze ab und markiere **ie**!
Setze das richtige Satzzeichen!

Verletze dich nicht am Knie ▨
Nennt mir sieben Beispiele ▨
Hier wächst eine zierliche Kiefer ▨
Informiert euch über die Miete des Ferienhauses ▨

2 Welche Wörter sind hier verschoben?
Schreibe so: *biegen – siegen, …*

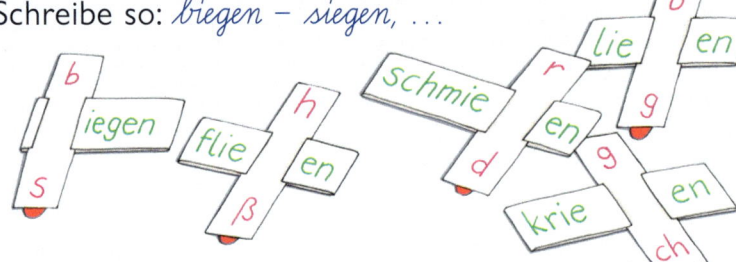

3 Bilde aus den Substantiven Verben mit **-ieren**!

Probe, Buchstabe, Kontrolle, Sorte, Marke

4 Wähle drei Verben aus Aufgabe 2!

⚀ Bilde mit jedem Verb einen Aussagesatz!

⚁ Schreibe mit jedem Verb einen Fragesatz
mit der passenden Antwort auf!

⚂ Bilde mit jedem Verb alle drei Satzarten!

5 Auf welcher Seite im Wörterbuch findest du das Wort?
Welche Wörter aus der Wortfamilie stehen dort?

zierlich   der Krieg   die Kiefer   biegen

6 Ratet die Teekesselchen!

In meinem Teekessel kann ich mich sehen.

Mein Teekessel leuchtet weiß am Hinterteil des Rehs.

Der lange **i-Laut** wird meist mit **ie** geschrieben.

W

das Beispiel
fliehen
fließen
hier
informieren
die Kiefer
das Knie
kriechen
der Krieg
lieben
liegen
die Miete
schmieren
sieben
siegen
zierlich

Wörter mit ie: Aussage-, Frage- und Aufforderungssätze unterscheiden;
mit dem Wörterbuch arbeiten; Teekesselchen raten

AH S. 54

Wörter mit h nach langem Selbstlaut (Vokal)

1 Ordne die Wörter aus der Wörterleiste richtig zu!

ah/äh: …
eh: …
oh: *belohnen,* …
uh/üh: …

2 Lies die Redewendungen! Schreibe die Wörter mit **h** nach langem Selbstlaut auf!

Undank ist der Welten Lohn.

Der frühe Vogel fängt den Wurm.

Aus Erfahrung wird man klug.

Ehre, wem Ehre gebührt.

Lebe glücklich, lebe froh,
wie der Floh im Haferstroh.

Eine Kuh macht Muh,
viele Kühe machen Mühe.

 3 Erklärt einander, was die Redewendungen
für euch bedeuten!

4 Bilde eine Wortfamilie! Schlage im Wörterbuch nach!

⚀ Finde zu dem Wort **Lohn** ein weiteres Substantiv und ein Verb!

⚁ Finde zu dem Wort **Nahrung** ein zusammengesetztes Substantiv, ein Verb und ein Adjektiv!

⚂ Finde zu dem Wort **Ehre** so viele verwandte Wörter wie möglich!

Jede Wortfamilie hat einen gemeinsamen Wortstamm: fa**h**ren, Erfa**h**rung, …

Im Frühling ist es jetzt schon eher hell.
Überall blühen die bunten Frühblüher.
Die Bienen finden ihre erste Nahrung.
Man kann die Wärme der Sonne auf der Haut schon fühlen.
Die Kühe kommen auch bald auf die Weide.

ZUM ÜBEN

Wörterleiste:

belohnen
blühen
bohren
die Ehre
die Erfahrung
ernähren
fahren
der Floh
froh
früh
fühlen
die Kuh
der Lohn
die Mühe
nah
nehmen
die Nahrung
sehen
das Stroh

merke:
ehe
während

Frühlingsbastelei

Gackomat

Du brauchst: eine Konservendose ohne scharfe Ränder,
Bindfaden, weiße Pappe,
Schulmalfarben, Pinsel,
Klebstoff, Schere, Wachs

Anleitung: Loche die Dose!
Reibe den Faden
mit Harz oder Wachs ein!
Fädle den Faden durch das Loch!
Verknote den Faden unter dem Loch!

Schneide Kamm, Augen
und Schnabel aus Pappe aus!
Klebe die Teile an die Dose!
Male die Dose an!

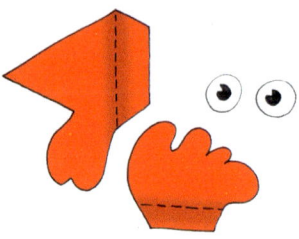

So geht es: Halte mit der oberen Hand
den Faden! Ziehe mit Daumen
und Zeigefinger der unteren Hand
ruckartig den gewachsten Faden
nach unten bis ein Ton erklingt!
Verändere die Tonhöhe durch
unterschiedlichen Druck
und die Schnelligkeit deiner Finger!

 Macht Musik mit eurem Gackomat-Orchester!

Unsere Welt

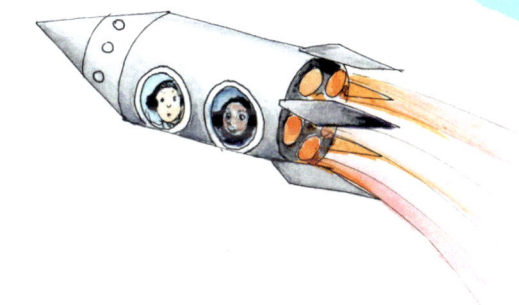

Du, Erdenball,
der du ruhelos rollst
durch das All,
hab dich so gern,
sorge mich so um dich,
blauer Stern.

Gerhard Schöne

Was gibt es auf unserer Erde
Wunderbares zu entdecken?
Was beschäftigt dich, wenn du
an unsere Welt denkst?

Gedicht und Bild als Erzählanlass nutzen, an Vorwissen anknüpfen;
eigene Gedanken formulieren

Kinder aus aller Welt

1 Lies die Texte! Aus welchen Ländern kommen die Kinder?

Mit dem Bus zur Schule fahren: nichts Besonderes. Im Bus büffeln dagegen schon. Das weiß auch Nay Min Htet aus Myanmar. Bis zur fünften Klasse besuchte Nay Min Htet aus Myanmar in seinem Heimatdorf Htan Ta Pin im Süden des Landes normalen Unterricht in einem normalen Klassenzimmer. Dann aber schickten ihn seine Eltern in die nächste größere Stadt, nach Rangun. Dort soll der 13-Jährige wie viele Kinder in seinem Heimatland in einem Teehaus Geld für die Familie verdienen. Und so bedient Nay Min Htet von morgens früh bis abends spät die Gäste, wischt die Tische und spült Geschirr. Zeit, um in die Schule zu gehen? Blieb Nay Min Htat lange nicht. Doch eines Abends kam die Schule zu ihm. Direkt vor die Tür des Teehauses rollte ein kleiner, grün-weißer Bus. Zehn Bänke finden darin Platz, ebenso viele Schüler und eine Lehrerin. Und die hat sogar Verständnis dafür, wenn Nay Min Htet nach einem harten Tag während des Unterrichts doch einmal die Augen zufallen …

Wieder und wieder rollt Oscar das Metallrohr über die gelbe Teigrolle. Fast täglich hilft der Junge aus Indiana, einer Stadt im Nordosten Perus, vormittags beim Backen für den kleinen Laden der Familie. Die Schule schwänzen muss der Elfjährige dafür selten; der Unterricht findet meist erst am Nachmittag statt.

Celina Tembé ist neun Jahre alt und lebt im Regenwald. Das Dorf São Pedro, in dem Celina wohnt, liegt am Rio Guama. In die nächste Stadt, Belém, fährt man vier Stunden. Celina wohnt in der Nähe der Schule. Sie geht erst seit einem Monat dorthin, weil es vorher keinen Lehrer gab.

2 Fragt in den Texten nach Orts- und Zeitangaben!

Wo …?
Woher …?
Wohin …?

Wann …?
Wie lange …?
Seit wann …?
Wie oft …?

3 Schreibe mindestens zwei Fragen und Antworten auf!

Informationen aus Sachtexten entnehmen; Wiederholung der Fragen nach adverbialen Bestimmungen des Ortes und der Zeit

AH S. 58

Kinderrechte

1 Bildet mit den Satzgliedern sinnvolle Sätze!
Denkt an die passenden Satzschlusszeichen **?** oder **.** !

die Kinderrechte · kennst · du

fest · diese Rechte · legte · 1989 · die UNO

40 Artikel · es · gibt

haben · fast alle Mitgliedsstaaten · unterschrieben · diese Übereinkunft

immer · einhalten · die Kinderrechte · wollen · sie · in ihren Staaten

dieser Vertrag · gilt · etwa zwei Milliarden Mädchen und Jungen

können · zur Schule · alle Kinder · gehen · regelmäßig

deine Meinung · sagen · du · darfst

2 Wähle einen Satz! Stelle ihn so oft wie möglich um!

3 Zeichne für zwei Sätze aus Aufgabe 1 einen Satzbauplan!
Dein Satz muss nicht alle Satzglieder enthalten.

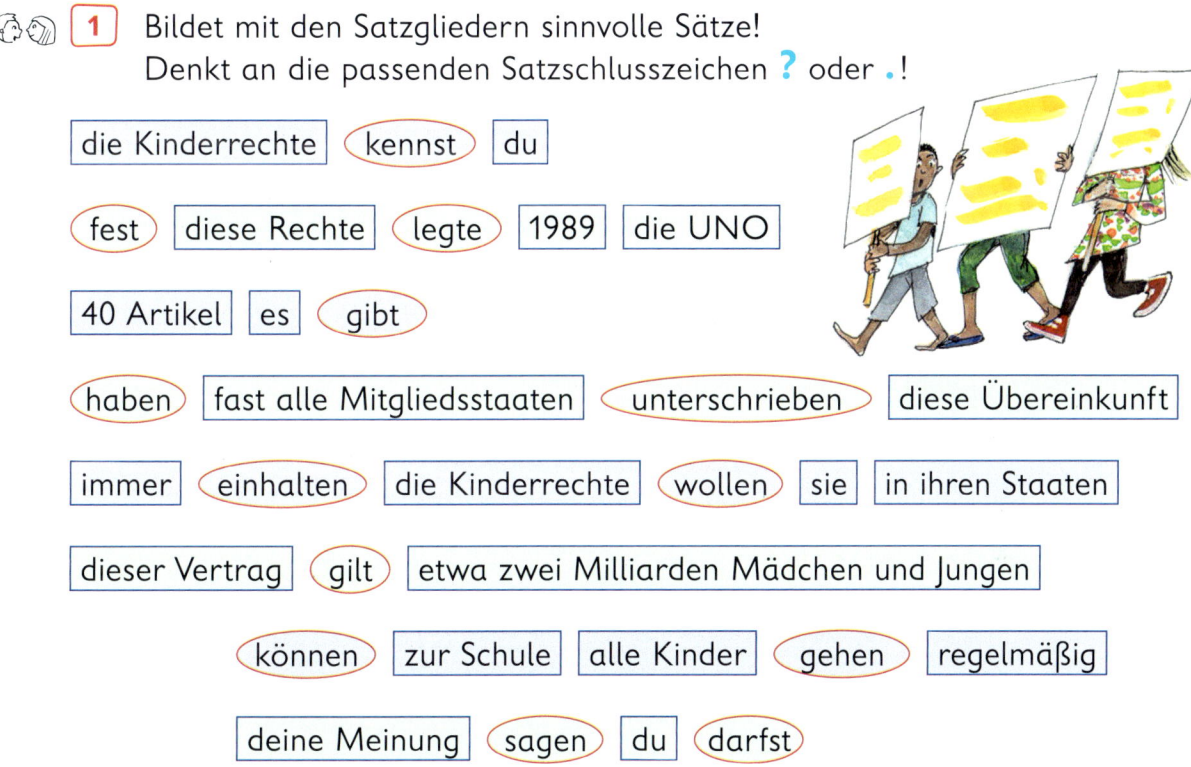

4 Informiert euch über die Kinderrechte!
Ihr könnt auf **www.fragfinn.de** das Suchwort **Kinderrechte** eingeben.

Kometen und Sternschnuppen

1 Lies den Text! Was ist ein Komet?

Alina fragt: „Was ist eigentlich ein Komet?"
Karam antwortet: „Ein Komet ist ein besonderer Himmelskörper."
„Kometen bestehen aus Eis, Staub und lockerem Gestein", erklärt Karam.
„Man nennt sie auch schmutzige Schneebälle", ergänzt Thomas.
Karam erzählt: „Im Jahr kann man mehr als 20 Kometen beobachten."

2 Schreibe die Sätze ab! Markiere die Begleitsätze der wörtlichen Rede!
Was fällt dir bei der Zeichensetzung auf?

Karam sagt: „Früher hatten die Menschen Angst vor Kometen."
„Die Menschen glaubten, dass ein Unheil bevorsteht", erläutert er.
„Stell dir mal vor, wie bedrohlich früher ein Komet wirkte!", ruft Alina.

3 Setze in den Sätzen die richtigen Satzzeichen wie im Merkkasten!

Karam erzählt ▮ ▮ Sternschnuppen sind kleine Gesteinskörner
aus dem Weltall ▮▮
▮ Diese winzigen Teilchen verglühen beim Eintritt in die Lufthülle
der Erde ▮▮ erklärt er.
Alina meint ▮ ▮ Dabei entsteht am Himmel eine leuchtende Spur ▮▮
▮ Habt ihr schon einmal eine Sternschnuppe gesehen ▮▮▮ fragt Thomas.

Die **wörtliche Rede** steht in **Anführungszeichen.**   **MERKE DIR**
Ein **Begleitsatz** kann **vor** oder **nach**
der **wörtlichen Rede** stehen.

Alina fragt: „Wie war es?"   *„Schön war es!", ruft Karam.*
————————: „..................?"   „..................!", ————————.

„Wie war es?", fragt Alina.   *„Es war schön", antwortet Karam.*
„..................?", ————————.   „.................. ", ————————.

Unsere Erde

1 Lest den Text! Achtet auf die wörtliche Rede!

„Die Erde nennt man lateinisch Terra", erzählt Alina, „oder auch Gaia
nach einer griechischen Göttin." „Unsere Erde wird auch Blauer Planet
genannt", meint Thomas, „weil mehr als die Hälfte der Erde von
Wasser bedeckt ist." „Außerdem nennt man die Erde auch Mutter Erde",
ergänzt Karam, „weil sie der einzig bekannte bewohnbare Planet ist."

2 Finde die wörtliche Rede und deren Begleitsätze!
Was fällt dir auf?

3 Schreibe die beiden Sätze mit der wörtlichen Rede ab!
Achte auf die Zeichensetzung! Unterstreiche die Begleitsätze!

„Um die Sonne zu umkreisen", erklärt Alina, „benötigt die Erde ein Jahr."
„In einer Sekunde", erzählt sie weiter, „bewegt sie sich dabei 30 Kilometer."

4 Schreibe die Sätze mit Begleitsätzen zwischen der wörtlichen Rede auf!
Kontrolliere die richtige Zeichensetzung!

Das Alter der Erde ■■ _____ ■ *beträgt über 4 Milliarden Jahre* ■■

Alina

Die Erde ■■ _____ ■ *ist 150 Millionen km von der Sonne entfernt* ■■

Karam

5 Schreibe den Begleitsatz vor, zwischen und nach
der wörtlichen Rede auf! Denke an die Zeichensetzung!

Alina sagt   Unsere Erde hat einen Mond.

Ein **Begleitsatz** kann auch **zwischen** der wörtlichen   **MERKE DIR**
Rede stehen. Er wird hier immer durch Kommas getrennt.

„Die Erde", erzählt Thomas, *„ist etwas größer als die Venus."*
„………………", ———————, „……………………………………"

Blaue Seiten

Wörter mit ck oder k

1 Lies die Wörter der Wörterleiste!

2 Ordne die Wörter der Wörterleiste richtig zu!

ck	lk, nk, rk
blicken	danken
…	…

Nach **l**, **n**, **r**, das merk dir ja, steht **nie tz** und **nie ck**.

3 **ck** oder **k**? Setze richtig ein!

Draußen ist es tro▮en und dun▮el. Ich ho▮e
mich hin und len▮e meinen Bli▮ zum Himmel.
Es sind keine Wol▮en zu sehen.
Tausend Sterne strahlen hell. Plötzlich entde▮e ich
eine Sternschnuppe. Das soll Glü▮ bringen.
Schnell den▮e ich mir einen Wunsch aus.

4 Schreibe die Reimwörter mit **lk**, **nk** oder **rk** auf!

welken	versinken	bedanken	der Park
m…	tr…	z…	der Qu…
die N…	w…	r…	st…

5 Ergänze die Wortgruppen mit den Wörtern aus Aufgabe 4!

sich für das Geschenk …, sich nicht wegen Kleinigkeiten …,
die Kuh …, eine … pflücken, die Milch …, dem Onkel …

6 Trenne die Verben!
Schreibe so: *bli-cken, er blick-te, …*

blicken, rücken, strecken, packen, schlucken, hocken

7 Ordne die zehn Grundformen der Verben aus der Wörterleiste
in die Tabelle ein und ergänze die anderen Formen!

Grundform	2. Person Einzahl Präsens	3. Person Einzahl Präteritum
blicken	du blickst	er blickte

W

blicken
der Block
danken
die Decke
denken
der Dreck
dunkel
entdecken
entwickeln
das Glück
hocken
links
melken
merken
das Päckchen
packen
der Park
der Punkt
stark
trinken
trocken
wirklich
die Wolke

Wörter mit tz oder z

1 Ordne die Wörter nach Wortfamilien!

nutz: …, heiz: …, blitz: …, arzt: …, setz: …

*nutzen, der Heizer, der Blitzableiter, der Arzt,
sich setzen, der Arztkoffer, die Heizung, nützen,
heizen, das Gesetz, blitzschnell, nützlich,
blitzen, die Ärztin, der Setzling, der Heizkessel,
verarzten, die Nutzpflanze, der Blitz, besetzt*

2 Trenne die Verben aus Aufgabe 1!
Schreibe so: *nut-zen, sich set-zen, …*

3 Schreibe Begleitsätze
und wörtliche Rede!

🎲 vor der wörtlichen Rede

🎲 nach der wörtlichen Rede

🎲 zwischen der wörtlichen Rede

> *Aus dem Alltag eines Weltraumfahrers:*
> • Ein Astronaut schützt sich
>   mit dem Raumanzug vor der Hitze.
> • Er putzt sich die Zähne mit essbarer Zahncreme.
> • Er spürt das Gesetz der Schwerkraft nicht.

Nach **l**, **n**, **r**
oder **au**, **ei**, **eu**
schreibe ich das Wort
nur mit **z**!

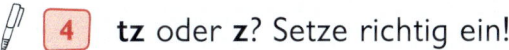

4 **tz** oder **z**? Setze richtig ein!

ein win◻iger Pil◻, plö◻lich stür◻en,
an der Hei◻ung schwi◻en, den Pla◻ nu◻en,
durch den Schmu◻ tan◻en, sich beim Stur◻ verle◻en

Mit Glück und Geduld kannst du am dunklen Himmel
Sternschnuppen entdecken. Sie blitzen plötzlich hell auf
und hinterlassen eine leuchtende Spur. Wer sie erblickt,
kann sich einen Wunsch ausdenken.

ZUM ÜBEN

Ein Sonnensystem basteln

1 Ihr braucht:
- 9 Luftballons
- Tapetenkleister
- Zeitungen
- Schere
- Pinsel
- Plakatfarbe
- Schnur

2 Blast die Ballons in verschiedenen Größen auf! Achtet auf das Größen-verhältnis!

3 Bestreicht die Ballons mit Tapetenkleister! Klebt Papier- oder Zeitungsschnipsel in mehreren Lagen mit Tapetenkleister auf!

4 Nach zwei Tagen: Zerschneidet den Ballon und zieht ihn aus dem Planeten! Schließt das Loch mit Zeitungs-schnipseln und Tapetenkleister! Klebt mit weiteren Schnipseln eine Schnur an den Planeten!

5 Bemalt die Sonne und die Planeten!

6 Spannt eine lange Schnur! Befestigt daran die Planeten und die Sonne in der richtigen Reihenfolge!

Oder so:

Oder so:

Oder so:

MEIN	VATER	ERKLÄRT	MIR	JEDEN	SONNTAG	UNSEREN	NACHTHIMMEL.
Merkur	Venus	Erde	Mars	Jupiter	Saturn	Uranus	Neptun

 Präsentiert eure Modelle unseres Sonnensystems vor der Klasse!

Mit Medien leben

MIT
ENTDECKERGEIST UND
DURCHBLICK
IN
EINE
NEUE WELT

Welche Medien sind hier dargestellt,
welche dieser Medien nutzt du?

Medienvielfalt in unserem Alltag

1 Sieh dir das Diagramm an! Welche Medien nutzen die Kinder?

Mediennutzung in der Freizeit (2016)
Medien, die Schüler von zwei vierten Klassen täglich oder mehrfach nutzen
(17 Jungen, 29 Mädchen)

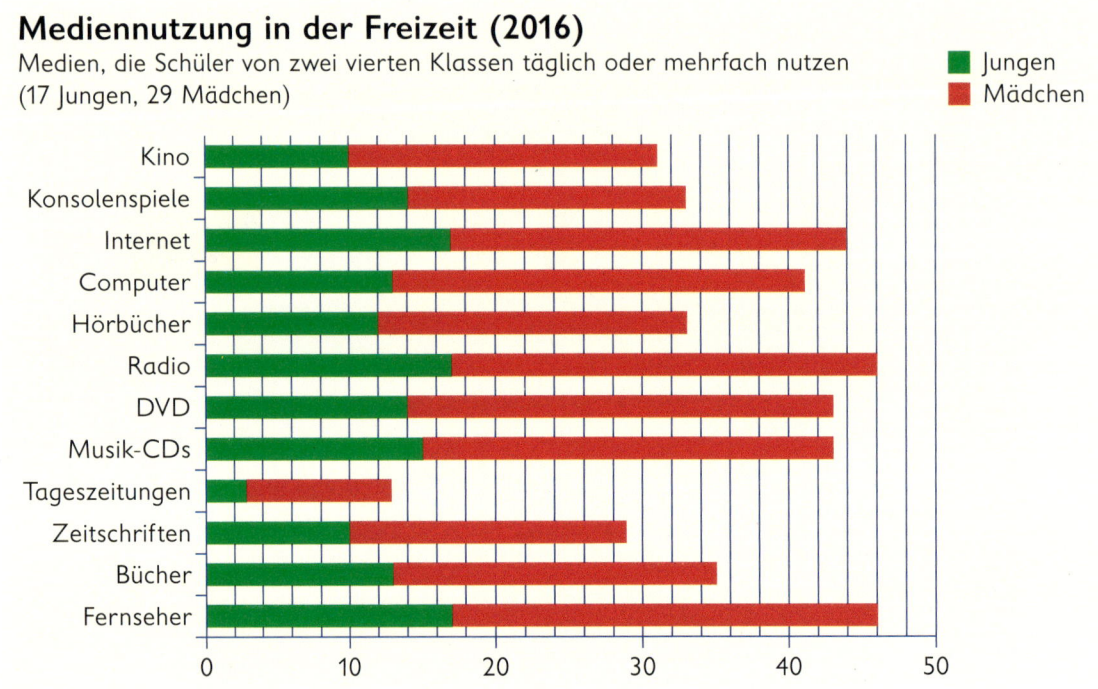

2 Was könnt ihr alles aus dem Diagramm ablesen?

3 Erstellt zu den Medien, die ihr nutzt, an der Tafel eine Mindmap!

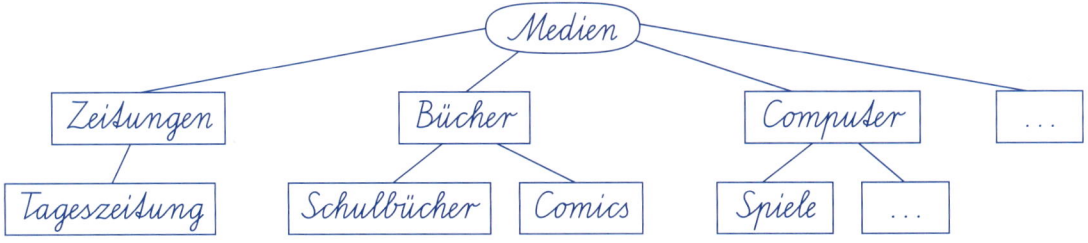

4 Welche Medien nutzt ihr täglich? Mädchen machen einen roten, Jungen einen grünen Strich.

5 Stelle das Ergebnis aus Aufgabe 4 als Diagramm, Schaubild, Tabelle oder Sachtext dar!

6 Wertet eure Ergebnisse aus!

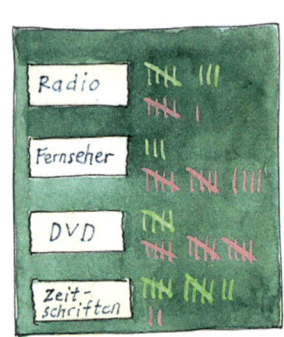

Informationen aus einem Diagramm entnehmen; eine Mindmap erstellen;
Informationen bildlich darstellen

AH S. 62

Eine Zeitung entsteht

1 Sieh dir das Bild an! Welche Zeitungen und Zeitschriften kennst du? Bringe selbst Beispiele mit!

2 Findet in verschiedenen Zeitungen und Zeitschriften möglichst zu jedem Fachbegriff ein Beispiel! Schneidet es aus und ordnet es zu!

Anreißer, der: kurzer Text auf der Titelseite, der das Interesse wecken soll

Anzeige, die: Text, mit dem öffentlich etwas bekannt gemacht werden soll, z.B. Werbung

Artikel, der: Text, der Hintergrundinformationen gibt und die W-Fragen beantwortet

Aufmacher, der: wichtigste Tagesmeldung auf der Titelseite mit besonders großer Überschrift, oft mit Bild → Bildaufmacher

Bildaufmacher, der: ein Bild auf der Titelseite als Blickfang

Impressum, das: Angaben über den Verlag, die Autoren und Redaktionen

Rubrik, die: ein Themengebiet in der Zeitung, z.B. Sport, Gesundheit, Politik, Wetter

Schlagzeile, die: eine Überschrift, die neugierig machen soll und den Inhalt eines Artikels zusammenfasst

Zeitungskopf, der: besteht aus Zeitungsname, Datum, Preis

3 Wählt eine Schlagzeile aus und überlegt, welche Meldung sich dahinter verbergen könnte! Schreibt einen Artikel dazu!

Feuerwehr rettet Kater Mauz

Wandertag mit Hindernissen

Polizei klärt Diebstahl auf

4 Klebt aus verschiedenen Schlagzeilen eine lustige, interessante oder verrückte neue Schlagzeile zusammen!

Ein Bericht über den Wandertag

1 Lies beide Berichte!

<u>Tiere der Nacht</u>
Wir, die Kinder der Klasse 4b, beschäftigten uns eine Woche lang in der Schule mit dem Thema „Fledermäuse". Nun wissen wir, was Fledermäuse fressen, wo sie leben und wie sie ihre Jungen aufziehen. Wir lernten aber auch, dass diese kleinen Säugetiere vor allem durch uns Menschen, durch Umweltverschmutzung und die Zerstörung ihrer Lebensräume bedroht sind.

Katharina

Der letzte Wandertag war sehr schön.
Wir waren mit einer Försterin im Wald.
Sie hat uns Höhlen von Fledermäusen gezeigt.
Am Stausee haben wir gefrühstückt.

Florian

 2 Wodurch unterscheidet sich Katharinas Bericht von dem Florians? Welchen Bericht findest du besser? Begründe deine Meinung!

 3 Ein Bericht informiert die Leser knapp und sachlich über ein zurückliegendes Ereignis. Überprüft, ob ihr die Fragen mithilfe der beiden Berichte beantworten könnt!

- **Wer** war beteiligt?
- **Was** fand statt?
- **Wann** geschah es?
- **Wo** fand es statt?
- **Wie** lief es ab?
- **Welche Folgen** gab es?

> Ein Bericht enthält keine eigene Meinung.

4 Überarbeite Florians Text anhand seiner Stichpunkte!
Denke an eine Überschrift (Schlagzeile)! Schreibe im Präteritum!

Wer?	die Klasse 4b, die Försterin, unsere Lehrerin
Was?	Wandertag
Wann?	im April
Wo?	im Wald, am Stausee
Wie lief es ab?	mit Försterin getroffen, hat uns viel zu den Tieren und Pflanzen des Waldes erzählt, hat uns die Bäume mit Fledermaushöhlen gezeigt und erzählt, dass jetzt gerade die Jungen geboren werden

 5 Bringt aus einer Zeitung einen Bericht zu einem besonderen Ereignis (Sport, Unfall, …) mit!
Prüft gemeinsam, ob alle Fragen beantwortet werden!

Kriterien für das Schreiben eines Berichts kennen lernen, einen Bericht überarbeiten   **AH** S. 65, 66

Wer arbeitet in der Schule?

 1 Für eine Klassenzeitung könnt ihr die Mitarbeiterinnen und Mitarbeiter der Schule befragen.
Solch eine Befragung nennt man **Interview**.
Überlegt gemeinsam, mit wem ihr ein Interview führen wollt!

 2 Wem könnt ihr diese Fragen stellen?
Gibt es Fragen, die ihr allen stellen könnt?

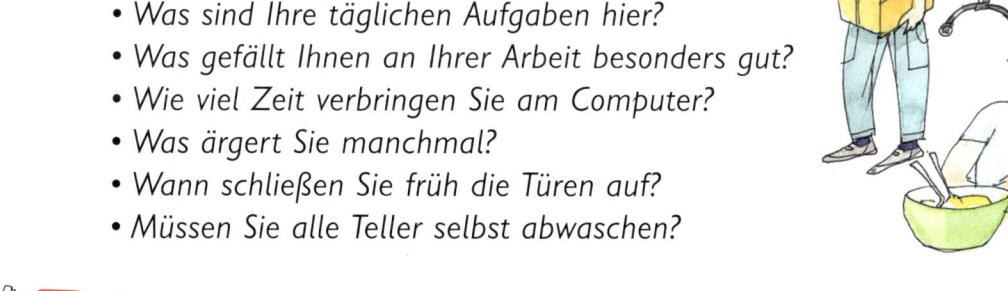

- *Wie lange arbeiten Sie schon an der Schule?*
- *Wie viele Zimmer reinigen Sie?*
- *Was sind Ihre täglichen Aufgaben hier?*
- *Was gefällt Ihnen an Ihrer Arbeit besonders gut?*
- *Wie viel Zeit verbringen Sie am Computer?*
- *Was ärgert Sie manchmal?*
- *Wann schließen Sie früh die Türen auf?*
- *Müssen Sie alle Teller selbst abwaschen?*

3 Überlege, wen du befragen möchtest!
Wähle passende Fragen aus Aufgabe 2 aus!
Denke dir selbst weitere Fragen aus und schreibe sie auf!

4 Spielt das Interview!
Ein Kind fragt, ein Kind antwortet in der übernommenen Rolle.

5 Führe nun ein Interview mit einer Person deiner Wahl!

 6 Schreibe einen Artikel über deinen Interviewpartner!
Wähle eine der beiden Formen:

Was sind Ihre täglichen Aufgaben hier?

Ich schließe die Türen auf, sorge für Ordnung auf dem Schulgelände und repariere Sachen.

Wie lange arbeiten ...

Ein Hausmeister schließt die Türen auf, sorgt für Ordnung auf dem Schulgelände und repariert Sachen. Herr Müller arbeitet schon ...

Ein Interview planen und durchführen

So kannst du ein Interview vorbereiten und durchführen:

1 **Plane** das **Interview**!

- Überlege, **wen** du zu deinem Thema befragen möchtest!
- Frage die Person und vereinbare einen Termin!
- Besorge dir ein Aufnahmegerät!
- Überlege, wo du das Interview durchführen möchtest!

2 **Erarbeite Fragen!**

- Schreibe die passenden Fragen zu deinem Thema auf!
- Überprüfe, ob du die Fragen verständlich formuliert hast!
- Übe mehrmals, bis du die Fragen flüssig lesen kannst!

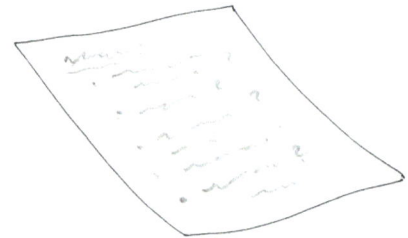

3 **Führe** das Interview **durch**!

- Begrüße deinen Interviewpartner freundlich!
- Lies deine Fragen laut und deutlich vor!
- Nimm oder schreibe die Antworten auf!
- Bedanke dich zum Schluss bei deinem Interviewpartner!

4 **Schreibe** das Interview **auf**!

- Fasse deine Fragen und die jeweiligen Antworten zu einem kurzen Text zusammen!

oder

- Schreibe den Mitschnitt deiner Aufnahme ab!

Eine Klassenzeitung planen und herstellen

Als Erinnerung an die ersten vier Grundschuljahre könnt ihr
am Ende der Klasse 4 gemeinsam eine Klassenzeitung erstellen.

1 **Sammelt Ideen** für die Beiträge und das Layout eurer Zeitung!

- Überlegt euch, wie der **Einband** gestaltet werden soll!
- Fertigt Entwürfe für das **Layout** an!
- Schreibt eure Vorschläge auf Kärtchen!

2 **Plant** die Klassenzeitung!

- Überlegt gemeinsam, **wer** euch bei dieser Arbeit **helfen** kann!
- Fragt nach den **Kosten** für die Herstellung!
- Verteilt die Aufgaben und **erstellt** dafür einen **Arbeitsplan**!

Was?	Wie?	Wer?
Bericht Landheim	Text, Bilder	Katharina, Paul
Steckbriefe	Stichpunkte	alle
Witze, Rätsel	...	...

3 **Sammelt Beiträge und Bilder!**

- **Schreibt** verschiedene **Artikel!**
- **Sucht** passende **Bilder**, druckt sie aus oder fügt sie zum Text hinzu!
- Bereitet eine Vorlage für einen Steckbrief vor und lasst sie von allen Kindern ausfüllen!
- **Führt Interviews** mit den Mitarbeitern der Schule durch! Schreibt die Artikel dazu!

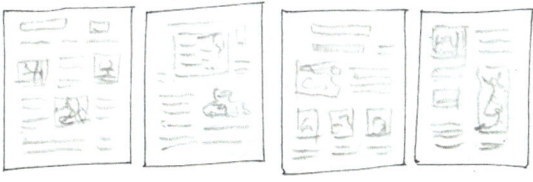

4 **Stellt** die Zeitung **her!**

- **Sammelt** alle Beiträge und Bilder!
- Lest die Texte! **Überarbeitet** sie, falls das nötig ist!
- **Ordnet** Texte und Bilder auf A4-Blättern an!
- Gestaltet gemeinsam ein **Deckblatt**! Ihr könnt z.B. bunte Fingerabdrücke und eure Unterschriften auf die Seite bringen.
- **Kopiert** die Seiten und bindet sie zusammen!

Substantive mit -heit, -keit, -nis oder -ung

1 Lies die Wortgruppen!

einen Weg kreuzen, gute Ideen entwickeln, das Zimmer heizen, eine Leine spannen, eine Zeitschrift herstellen, passende Bilder sammeln, einen Fleck entfernen, etwas Neues erleben, Fotos ordnen

 2 Schreibe alle Verben aus Aufgabe 1 auf!
Finde ein passendes Substantiv aus der Wörterleiste!
Schreibe so: *kreuzen – die Kreuzung, …*

 3 Schreibe Wortgruppen mit den Substantiven!
Schreibe so: *die klare Flüssigkeit, …*

*die Flüssigkeit, die Krankheit,
die Erlaubnis, die Finsternis,
die Freiheit, die Heizung*

> Wörter, die auf **-ung**, **-nis**, **-heit**, **-keit** enden, sind **Substantive**. Du schreibst sie groß.

4 Was ist das?

⚀ Finde die Lösungswörter in der Wörterleiste!

⚁ Schreibe die Lösungswörter in Einzahl und Mehrzahl auf!
Markiere die Endungen! Was fällt dir auf?

⚂ Schreibe selbst solche Rätsel zu den Substantiven
Hindernis, **Erlebnis** oder **Wildnis**!

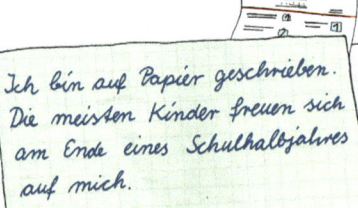

Ich bin auf Papier geschrieben. Die meisten Kinder freuen sich am Ende eines Schulhalbjahres auf mich.

*Ich bin die Lösung einer Rechenaufgabe.
713 + 507 = ○*

Mich kennen immer nur wenige Menschen. Ich möchte nicht verraten werden.

 **5** Welche Adjektive haben sich hier versteckt?
Schreibe so: *die Faulheit – faul, …*

*die Faulheit, die Flüssigkeit, die Freiheit, das Geheimnis,
die Gesundheit, die Krankheit, die Pünktlichkeit, die Wildnis*

W

die Entfernung
die Entwicklung
das Ergebnis
die Erlaubnis
das Erlebnis
die Finsternis
die Flüssigkeit
die Freiheit
das Geheimnis
die Heizung
die Herstellung
das Hindernis
die Krankheit
die Kreuzung
die Ordnung
die Sammlung
die Spannung
die Wildnis
das Zeugnis

Substantive mit -heit, -keit, -nis oder -ung erkennen und schreiben;
Adjektive aus Substantiven ableiten

AH S. 67

Besondere Wörter

3 Schreibe die Lösungswörter mit Artikel auf!

In	Me	Skiz	di	ti	ne	en	on
cher	schi	ma	Spei	stick	ze	for	Ma

4 Bilde zusammengesetzte Substantive!
Finde weitere Wörter!

Was
bedeutet
thermo?

das Stück	**Theater**	die Stadt
der Saal	der Schauspieler	der Vorhang

5 Was bin ich? Schreibe die Lösungswörter auf!

Ich messe Temperaturen.

In mir hast du im Winter warme Füße.

In mir hält der Tee lange warm.

thermo (griechisch) –
warm

	ZUM ÜBEN
⚀ Im Zirkus sieht man lustige Clowns.	
⚁ Maschinen erleichtern uns die Arbeit.	
⚂ Das Thermometer misst die Temperatur.	
⚃ Aus Medien kann man Informationen entnehmen.	
⚄ Ein Künstler fertigt eine Skizze an.	
⚅ Auf einem Speicherstick speichert man Dateien und Bilddaten.	

Auf Entdeckungsreise in der Zeitung

 Zwei Gruppen, zwei Tageszeitungen: Jede Gruppe überlegt sich Fragen.
Die andere Gruppe muss die Antwort in der Zeitung finden.
Ihr könnt auch Überschriften suchen lassen.

Eine eigene Zeitung zusammenstellen

Ihr braucht:

1 Schneidet spannende oder lustige Artikel und interessante Fotos aus!

2 Faltet mehrere DIN-A3-Blätter in der Mitte! Klebt eure Artikel und Fotos zu einer neuen Zeitung zusammen! Denkt an die Gestaltung einer Titelseite!

 Gestaltet aus vielen verschiedenen Zeitungen und Zeitschriften eine eigene Zeitung!

Für Krimiliebhaber und Gruselfans

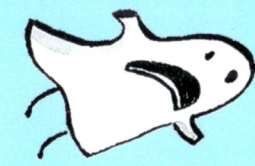

Detektive schleichen durch die Nacht.
Leise, heimlich, vorsichtig und sacht.

Tappen durch die Dunkelheit,
irgendwo ein Käuzchen schreit,
suchen hier, suchen dort,
suchen einen, der ist fort.

Finden eine heiße Spur,
denken: Wem gehört die nur?
Folgen ihr mit leisem Tritt
und der Lampe Schritt für Schritt.

Doch die Spur ist plötzlich weg,
rutschen aus im Hundedreck ...!
Was wär' jetzt noch zu tun,
außer säubern und zu ruhn?

Werden morgen weitersuchen
ohne Schimpfen, ohne Fluchen,
finden vielleicht später dann
den Fortgelauf'nen irgendwann.

Ruth Schneidewind

Tragt das Gedicht vor und gestaltet es mit Geräuschen!

Emil und die Detektive

1 Lies die Texte! Wer wird gesucht?

Die junge, weibliche Person hat eine schlanke Figur. Sie trägt eine helle, kurze Ponyfrisur und hat stets einen kleinen Hut auf. Bekleidet ist sie mit einer ärmellosen Bluse, einem gepunkteten Rock, Söckchen und Riemchenschuhen. Am linken Handgelenk hat sie eine kleine Uhr. Meistens ist sie auf einem Fahrrad unterwegs.

Die gesuchte Person ist freundlich, lebhaft und immer hilfsbereit. Außerdem gilt sie als neugierig und ganz schön wild. Sie ist klug und verantwortungsbewusst aber auch eigensinnig und etwas vorlaut. Emils Cousine trägt modische Kleidung. Sie hat einen lustigen Spitznamen. Oft ist sie auf ihrem Fahrrad unterwegs.

Emil   Pony Hütchen

Frau Tischbein

2 Welche Beschreibung hat euch besser geholfen?

3 Lies die Personenbeschreibungen!
Was erfährst du über diese Personen?

Gustav ist etwa zwölf Jahre alt und ungefähr so groß wie Emil. Er ist sportlich. Seine Haare sind kurz und meist verstrubbelt. Er trägt bequeme Kleidung wie Knickerbocker, Pullunder und Schiebermütze. Man erkennt ihn an seiner Hupe.

Name:	Herr Jeschke
Alter/Geschlecht:	ungefähr 45 Jahre, männlich
Größe/Körperbau:	mittelgroß, muskulös
Kopf/Haare:	Schnurrbart
Kleidung:	Uniform mit Schulterstücken
	Polizeihelm mit Abzeichen
	schwarzer Gürtel (Koppel)
Besonderheit:	strenger Blick

Emil und die Detektive auf Verfolgungsjagd

1 Lies den Brief!

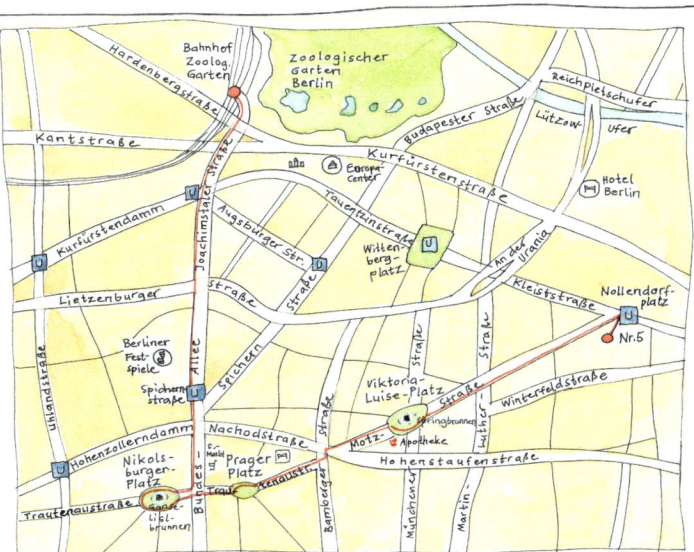

Liebe Lene,
starte am Bahnhof
Zoologischer Garten!
Überquere die Hardenberg-
straße! Gehe die Joachims-
taler Straße ungefähr
1,5 km entlang! Sie heißt
dann Bundesallee.
Überquere den Hohen-
zollerndamm!

Biege rechts in die
Trautenaustraße ein!
Folge ihr bis zum
Gänseliesel-Brunnen auf
dem Nikolsburger Platz! Gehe zurück zur Bundesallee und überquere sie!
Hier waren das Café Josty (heute ein Bio-Markt) und die Litfaßsäule.

Folge der Trautenaustraße bis zum Prager Platz! Umrunde den Platz im
Uhrzeigersinn! Biege links in die Motzstraße ein! Gehe an der Bamberger Straße
links! Überquere an der Ampel die Hohenstaufenstraße!

Wende dich nach rechts und gehe ein paar Meter, bis du links wieder in die
Motzstraße gelangst! Gehe weiter geradeaus bis zum Nollendorfplatz! Biege hier
rechts ab! Laufe ein paar Meter bis zur Hausnummer 5! Hier befindet sich das
Gebäude mit der Toreinfahrt, wo die Verfolgung geendet hat. Du bist am Ziel.
Viel Spaß bei Emils Verfolgungsjagd!
Dein Henri

 2 Abwechselnd liest ein Kind einen Abschnitt
und das andere zeigt den Wegabschnitt auf der Karte.

 3 Suche dir auf der Karte einen Startpunkt und ein Ziel!
Beschreibe den Weg!

Achte darauf:
- Namen von Straßen und Plätzen zu nennen,
- Richtungen und Richtungswechsel zu beschreiben,
- Orientierungspunkte zu bezeichnen,
- die richtige Reihenfolge einzuhalten,
- im Präsens zu schreiben!

Die drei ???-Kids – Spuk in der Schule

1 Lies den Ausschnitt aus dem Buch!

Endlich Ferien! Aber Justus, Peter und Bob haben einen riesigen Berg Hausaufgaben zu erledigen! Um die Aufgaben lösen zu können, müssen die drei in ein verlassenes Schulgebäude und dort scheint es auch noch zu spuken. Was hat es nur mit dem Skelett auf sich, das durch die düsteren Gänge geistert? Die drei ???-Kids gehen der Sache auf den Grund …

Vorsichtig richteten die Freunde sich auf und liefen zu der Schubkarre neben dem Gully. Kaum aber hatten sie diesen erreicht, passierte etwas Unheimliches. Aus dem Gully stieg plötzlich rasend schnell dichter grüner Rauch und einen Augenblick später standen die drei ??? in einer undurchsichtigen Wolke.
„Weg hier!", hustete Peter. „Aufpassen!", warnte Bob. „Schön langsam. Man kann nichts mehr sehen. Fallt nicht in den Gully und stolpert nicht gegen irgendwas. Sonst brechen wir uns hier noch die Knochen!" Langsam drehten die Freunde sich um. Im selben Augenblick ertönte eine unheimliche Stimme. Sie krächzte dunkel: „Verlasst sofort die Schule! Oder ihr werdet im grünen Rauch gefangen und müsst auf ewig in der Schulhölle schmoren und Hausaufgaben lösen."
Peter zuckte zusammen. „Weg hier!" Doch anstatt Peter zu folgen, zog Justus ihn und Bob am Arm und führte sie dann schnell einmal um die Rauchwolke herum. Dazu brüllte er zuerst laut und dann immer leiser werdend:
„Ja, lasst uns von hier verschwinden. Das ist ein Geist! Der grüne Schulgeist! Der Hausaufgabenquälgeist, oh nein! Schnell, Freunde, weg, weg, weg hier!

Wir hätten niemals herkommen dürfen. Die ganze Schule weiß doch, dass es hier spukt!" Mit den letzten, fast nur noch geflüsterten Worten kroch Justus hinter einen Busch und warf sich zu Boden.
„Was machst du?" Peter zitterte am ganzen Körper. „Jetzt denkt der Sprecher hoffentlich, wir wären weggerannt", gab Justus leise zurück. „Deswegen habe ich immer leiser gesprochen. Und jetzt Ruhe!"
Im nächsten Moment hörten die drei ??? ein keuchendes Husten und eine seltsame Gestalt kroch im Rauch aus dem Gully. War das etwa ein Skelett? Peter wurde käseweiß.
Doch die Gestalt blieb nur kurz stehen, lachte einmal auf und trat dann an die Schubkarre. Langsam hob sie diese an und unmittelbar darauf ertönte das den drei ??? bereits bekannte Quietschen. Dann waberte die Gestalt mit ihrer Beute davon ins Schulhaus.

Boris Pfeiffer

2 Lest den Text mit verteilten Rollen! Ihr braucht auch einen Erzähler.

3 Suche dir eine Rolle aus und schreibe dafür einen Rollensteckbrief!

Meine Rolle
Ich heiße:
Mein Alter ist:
So bin ich in der Szene:
So will ich in der Szene sprechen:

… leise, flüsternd, heiser krächzend …

4 Stellt euch eure Rollen gegenseitig vor und sprecht darüber!

5 Schreibt den Text als Drehbuch für ein Hörspiel um!
Schreibt so:

Wer spricht?	Was wird gesprochen?	Wie wird gesprochen?	Welches Geräusch/Musik?	Wie? Womit?
Peter	Weg hier!	hustend	Husten, Räuspern	eigene Stimme
Bob	Aufpassen! Schön langsam …	laut rufend	spannende Musik	CD
Geist	…	…	…	…

oder so:

Peter *(hustend)*:   Weg hier!   (Husten, Prusten)
                                         Spannende Musik setzt ein.

Bob *(aufgeregt rufend)*:   Aufpassen!
                        Schön langsam …

                                         Spannende Musik bricht ab.

Geist *(dunkel krächzend)*:   …   …

Gemeinsam ein Hörspiel herstellen

1 **Wählt** den Text **aus!**

- Ist der Text interessant?
- Sprechen im Text mehrere unterschiedliche Rollen?
- Ist die Handlung durch Geräusche darstellbar?
- Kann Musik die Stimmung unterstützen?

2 **Erstellt** ein **Drehbuch!**

- Welche Form soll der Text haben?
- Wer spricht wann wie welchen Text?
- Wann ist welches Geräusch zu hören?
- Wann erklingt welche Musik?

3 **Legt** die Aufgaben **fest!**

- Wer wird Sprecher?
- Wer führt Regie?
- Wer macht die Geräusche?
- Wer bedient die Technik?

4 **Nehmt** das Hörspiel **auf!**

- Wer leitet die Aufnahme?
- Wer spricht bei der Aufnahme?
- Wer kontrolliert die Aufnahme?
- Wer sorgt für Ruhe?

die Herstellung eines Hörspiels organisieren: Abläufe und Aufgaben festlegen

Zusammen ein Hörspiel vorbereiten

1 **Bereitet das Sprechen vor!**

- Führt Stimmbildungsübungen durch, damit ihr gut atmen und deutlich sprechen könnt!
- Erzeugt Laute mit der Stimme!
- Erzeugt Tier- und Naturgeräusche mit der Stimme!
- Ahmt unterschiedliche Stimmlagen nach, z.B. einen großen Mann, eine alte Frau, ein kleines Kind!
- Sprecht einen Satz oder Text in verschiedenen Stimmungen!

2 **Stellt passende Geräusche her!**

- Ahmt das **Originalgeräusch** nach!
  Wasserplätschern = Wasser aus einer Kanne in eine Porzellanschüssel gießen
- Sucht **Ersatzmaterial**!
  stampfender Gang = mit den Fäusten auf eine Waschmitteltrommel schlagen! Oder …
- Nutzt **Instrumente**!
  Pferd = eine Röhrenholztrommel oder …
- Stellt **Effekte** her!
  Überraschungsmoment = eine Lotuspfeife

3 **Findet passende Musik!**

Überlegt:
- Welche Stimmung hat die Szene?
- Wie müsste die Musik klingen?
- Welche Musik passt?
- Woher bekommt man die Musik?
- Womit wird die Musik eingespielt?

Beachtet die Urheberrechte der Musik!

Blaue Seiten

Wörter mit chs, cks, ks oder x

1 Ordne die Wörter aus der Wörterleiste!

chs: …   cks: …
x: …   ks: …

2 Ergänze den Text mit passenden Wörtern
aus der Wörterleiste!

Wer andern eine Grube gräbt – ein Waldkrimi
Eines Abends, kurz nach …Uhr, schlich sich der
Wilddieb in den Wald. Er wollte schauen, ob sich
in seiner Falle ein … oder ein … verfangen hatte.
Als Proviant nahm er eine … voller … mit. Mit der
… schlug er sich den Weg durch das Gestrüpp.
Sollte er nach … oder nach rechts gehen?
Kurze Zeit später hörte man einen lauten Schrei.
Der Wilddieb hatte die Richtung … und war in
seine eigene Falle geraten. Er schrie wie am Spieß,
denn er hatte sich den Fuß … .

3 Welche Wörter sind hier verschüttelt?

NEIX   TAX   SECHWAN

XIAT   REMIX   CHESS

NOXEB   EHEX

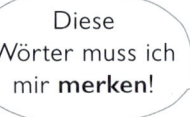

Diese Wörter muss ich mir **merken**!

die Achse
die Axt
boxen
die Büchse
der Dachs
der Fuchs
die Hexe
der Keks
der Klecks
links
mixen
die Nixe
sechs
das Taxi
der Text
verknacksen
verwechseln
das Wachs
wachsen
wechseln

4 Bilde Brückenwörter!
Schreibe so: *die Blechbüchse – der Büchsenöffner*

BLECH — ÖFFNER   SCHOKO — PACKUNG

FASTNACHT — BESEN   ROT — FELL

GELD — GELD   BIENEN — KERZE

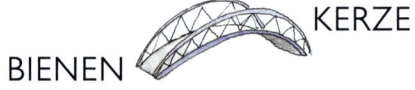

Wörter mit chs, cks, ks, x: verschiedene Schreibweisen des x-Lautes erkennen
und sich rechtschriftlich einprägen

Wörter mit Qu/qu

1. Finde die Lösungswörter aus der Wörterleiste!

- Wer die Wahl hat, hat auch die …
- ein spezielles Viereck
- Gegenteil von anstrengend
- Ort, an dem ein Fluss entspringt
- kreuz und …
- Frösche …
- Schweine …
- ein glibbriges Meereslebewesen

2. Lies die Zungenquirler und ordne die Wörter mit **Qu/qu** nach Substantiven, Verben und Adjektiven in eine Tabelle!

Quatschen quirlige Quasselstrippen
quengelig oder quietschvergnügt?

Quietschende Quirle quälen
qualvoll den quirlenden Quarkesser.

Du bist eine quirlige, quietschvergnügte Quasselstrippe.

Ich quirle den Quark mit einem quietschenden Quirl.

3. Versuche die Geheimbotschaft der Hexen zu entschlüsseln!

Edi Nhexe ntreffe hsic mu ssech Ruh
ma Ufuchsba mzu Bkeksbackwettbewer.
Uz ngewinne Agib se nde ngoldene Lquir
„Xextrafi". Rde Tsreffpunk nkan mbeque
Ami mde Nbese Aerreich nwerde.
Nfliege Esi rque hdurc nde Dwal dun
ndan rimme hnac slink.

„Xextrafi"?

Der erste Buchstabe in jedem Wort steht an der falschen Stelle.

 ein Quadrat zeichnen
 Kekse mit Quark essen

bei einem Quiz die Qual der Wahl haben

die Quelle des Flusses suchen

sich morgens aus dem Bett quälen

quakende Frösche in quiekende Schweine verhexen

ZUM ÜBEN

Spurensicherung

Der Fingerabdruck eines jeden Menschen ist unverwechselbar –
und er verändert sich im Laufe eines Lebens nicht.
Selbst eineiige Zwillinge haben unterschiedliche Fingerabdrücke.

- mit dem Mittelfinger einer Hand
  über die Stirn fahren und
  Fingerkuppe anschließend
  auf ein Glas drücken
- Glas vorsichtig mit dem
  Fingerabdruck nach oben
  auf ein Stück Papier legen

- Fingerabdruck mit Mehl durch
  ein feines Küchensieb bestäuben
- Mehl kräftig abpusten,
  bis bei dem Rest Mehlstaub
  der Fingerabdruck
  zum Vorschein kommt

- einen ca. 8–10 cm langen Streifen
  durchsichtiges Klebeband abreißen
- mit der Klebeseite behutsam
  und gleichmäßig auf den
  bestäubten Fingerabdruck drücken
- Streifen wieder vorsichtig abziehen

- Klebeband auf schwarzen
  Fotokarton kleben
  Die weißen Linien werden
  jetzt deutlich sichtbar.

⭐ Macht eure Fingerabdrücke sichtbar! Gestaltet lustige Bilder!

Im Sommer

Der Sommer hat alle Welt beglückt
Und jedem eine Freude gebracht;
Er hat mein liebes Gärtchen geschmückt,
Noch schöner als ich je gedacht,
Mein liebes Gärtchen hinter'm Haus,
Wo ich so gern geh' ein und aus.
Wie alles d'rin von Blumen prangt!
Wie alles d'rin von Früchten hangt!
Erdbeeren lächeln aus dunklem Grün,
Und daneben Rosen und Lilien blühn.

August Heinrich Hoffmann von Fallersleben

Schließe die Augen und lasse dir das Gedicht vorlesen!
Wie stellst du dir diesen Garten vor?
Woran erkennst du, dass es ein altes Gedicht ist?

Sommersprachspiele

1 Lies die Sätze! Welchen Zungenbrecher findest du am lustigsten?

Zwanzig Zwerge zeigen Handstand,
zehn im Wandschrank, zehn am Sandstrand.

Schnecken erschrecken, wenn Schnecken an Schnecken schlecken,
weil zum Schrecken vieler Schnecken Schnecken nicht schmecken.

She sells sea-shells on the sea-shore.

Oh! Ein
tongue-twister.

2 Wähle einen Zungenbrecher aus! Versuche den Spruch
immer schneller und trotzdem fehlerfrei vorzutragen!

 **3** Die Kinder der Klasse 4 b veranstalten ein Sommerfest.
Löst das Rätsel, dann erfahrt ihr den Treffpunkt!
• Schreibt zuerst die gesuchten Begriffe für die Bilder auf!
• Streicht dann Buchstaben weg oder ersetzt sie!

1̶, U = A

Lösung: ARM

1̶, 2̶, 5̶   4̶, 5̶   4̶   1̶, 4̶   5̶, 6̶   SCH = PL

 S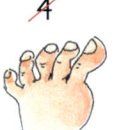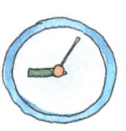

 **4** Was kann man alles auf eine Sommerwanderung mitnehmen?
Spielt das Spiel „Ich packe meinen Rucksack"!

Ein Kind nennt den ersten Gegenstand: „Ich packe meinen Rucksack
und nehme eine Sonnenbrille mit." Das nächste Kind wiederholt diesen
Satz und ergänzt einen zweiten Gegenstand: „Ich packe meinen Koffer
und nehme eine Sonnenbrille und einen Sonnenhut mit." Das Spiel geht
so weiter. Ausscheiden muss diejenige Person, die durcheinandergerät
oder vergessen hat, was zuvor alles mitgenommen wurde.
Variante: Die Gegenstände müssen in der Reihenfolge des Abc
genannt werden.

Zungenbrecher – auch in einer anderen Sprache – lesen; einen Rebus lösen;
das Gedächtnis trainieren

Sommerwanderung

1 Lies die Wörter und Wortgruppen!

*wittern, erblicken, horchen, spüren, lauschen, erkennen, anfassen,
anschauen, schnuppern an, Ohren spitzen, empfinden,
den Duft einziehen, vernehmen, tasten, betrachten, einatmen, hinhören,
beobachten, wahrnehmen*

2 Ordne die Wörter und Wortgruppen passend zu!

riechen: wittern, …

hören: …

fühlen: …

sehen: …

3 Überarbeite den Text! Verwende treffende Verben!

> Letze Woche waren wir wandern. Wir haben ganz viel **gesehen**,
> **gehört**, **gerochen** und **gefühlt**. Auf einer Wiese **sahen** wir
> Gänseblümchen und Butterblumen. Karam **sah** Ameisen.
> Unter einer Becherlupe konnte Esme einen Marienkäfer **sehen**.
> Maria **roch** Kamille und Pfefferminze. Alexander **roch** Kühe.
> Jonas **fühlte** einen Marienkäfer auf der Hand krabbeln.
> Jannek **fühlte** eine Distel. Barfuß **fühlte** Maria das warme Gras.
> Dabei **hörte** sie Wind durch die Grashalme rauschen. Jonas
> **hörte** Bienen summen. In der Ferne **hörten** wir eine Feuerwehr.

4 Schreibe zum Bild eine Geschichte mit Wörtern
aus den Wortfeldern **sehen** und **fühlen**!

Sommergedichte schreiben

1 Lies das spanische avenidas-Gedicht!

avenidas
avenidas y flores

flores
flores y mujeres

avenidas
avenidas y mujeres

avenidas y flores y mujeres y
un admirador

Eugen Gomringer

> avenidas = Straßen
> y = und
> flores = Blumen
> mujeres = Frauen
> un admirador = ein Bewunderer

2 Übersetze das Gedicht!
Markiere gleiche Wörter in der gleichen Farbe!

3 Schreibe ein avenidas-Gedicht! Nutze die Bilder!

= Bienen
= Blumen
= Nektar
= Honig

4 Finde selbst Wörter! Schreibe ein eigenes Gedicht!

Auf Wiedersehen!

1 So kannst du dich in verschiedenen Sprachen verabschieden.
Was kannst du lesen oder verstehen?

2 Verabschiede dich in einer Sprache deiner Wahl!

3 Was wünschst du dir und anderen für die Zukunft? Sprecht darüber!

4 Schreibt eure Wünsche auf!

Wörter mit doppelten Mitlauten (Konsonanten) W

1 Bilde zusammengesetzte Substantive
mit **Wetter** oder **Sonne**!
der Wetterfrosch, die …

Frosch, Station, Strahl, Licht, Tag, Häuschen,
Karte, Schirm, Bericht, Regen, Creme, Bad

2 Bilde das Präteritum und das Perfekt der Verben!
Schreibe so: *hoffen, er hoffte, er hat gehofft*
        sammeln, sie …

hoffen, sammeln, retten, trennen, füllen, spannen,
stimmen, stellen

3 Verwandle mit der Endung **-ung**
die Verben aus Aufgabe 2 in Substantive!

4 Setze die Wörter **bisschen**, **Biss**, **beißen** richtig im Text ein!

Tom hat eine kleine Katze. Er möchte mit ihr ein … spielen.
Doch das junge Kätzchen kann auch … Der … schmerzt etwas.
Da kommt Toms Mutter und kühlt die Wunde ein …

5 Löse die Rätsel!

Welcher Brand entsteht ohne Feuer?

Wer wird nicht von der Sonne beschienen?

Was lässt sich nicht mit Worten ausdrücken?

Welcher Tag ist der längste der Woche?

Welche Tiere haben sich in Klammeraffe versteckt?

… und …

6 Leite von den Verben Berufsbezeichnungen ab!
Schreibe so: *backen: der Bäcker, die Bäckerin, die Bäckerinnen*

backen, tanzen, tauchen, koche, malen, singen

Wortliste (rechte Spalte):
der Biss
beißen
ein bisschen
das Blatt
donnern
der Donnerstag
füllen
hoffen
retten
sammeln
der Schatten
der Schwamm
die Sonne
stellen
die Stimme
das Wetter

7 Wie heißt das Gegenteil?

klug – d...   teuer – b...   gerade – kr...
leer – v...   mager – f...   rau – gl...

8 Bilde das Präteritum und das Perfekt der Verben!
Schreibe so: *leiden, er litt, er hat gelitten ...*

leiden, pfeifen, reiten, streiten, schreiten, greifen, fließen.

9 Trage die kleine Wettergeschichte ausdrucksvoll vor!

Ein Regenschirm, ein Sonnenschirm,
die im gleichen Ständer standen,
waren ineinander verliebt.
Sie seufzten jeden Morgen:
„Lasst uns hoffen, dass es
trockenes, kühles Wetter gibt."

Hans Manz

10 Regen oder Sonne?

⚀ Schreibe die Geschichte von Aufgabe 9 ab!

⚁ Schreibe die Geschichte von Aufgabe 9 ab!
Erfinde mindestens einen Satz, wie es mit der
Geschichte weitergehen könnte! *Eines Tages gab es ...*

⚂ Schreibe eine Wettergeschichte!
Verwende möglichst viele Wörter mit doppeltem Mitlaut!
Wetter, nass, hoffen, Sonne, schwimmen, hoffen, ein bisschen, krumm, ...

Ein Sommertag
Heute ist schönes Wetter. Die Sonne brennt heiß
vom Himmel. Ich treffe mich heute mit meiner Freundin
im Schwimmbad. Es ist sehr voll. Das Wasser ist schon
schön warm. Wir schwimmen ein bisschen um die Wette.
Um den Sieg wird nicht gestritten. Dann setzen wir uns
unter einen Sonnenschirm in den Schatten.
Wir wollen keinen Sonnenbrand bekommen.

ZUM ÜBEN

W

billig
dumm
fett
flüssig
der Fluss
glatt
greifen
er griff
krumm
leiden
er litt
pfeifen
er pfiff
streiten
er stritt
voll

Wörter mit doppelten Konsonanten: mit Adjektiven Gegensatzpaare bilden, Zeitform Präteritum
und Perfekt bei Verben mit Änderung im Wortstamm bilden; Fragediktat, Dosendiktat

123

Abschied von Klasse 4

 Fertigt Abschiedsgeschenke an!

Du brauchst:
- Krepp-Papier
- Schere
- Schaschlikspieße
- Klebeband

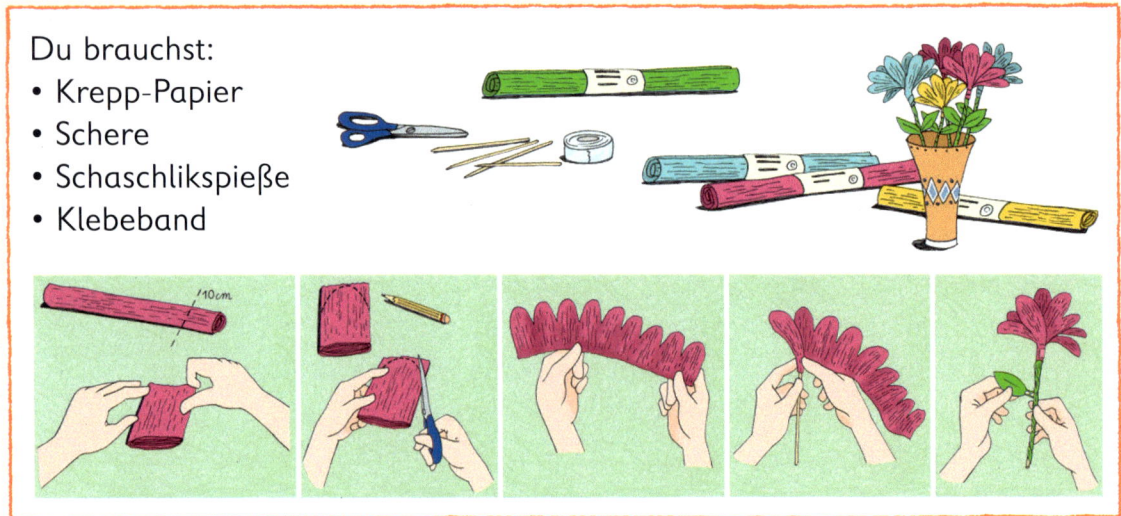

 Bastelt und verschenkt solche Blumen zum Abschied!

Abschiedsgeschenke basteln: eine Karte gestalten, Blumen herstellen

Bist du fit?

Im Ondo dor orston vuor Schaljihro orunnorn
such duo Kundor in uhro Orlobnusso und dirin,
wis suo illos golornt hibon.
Suo irbouton diza in icht Stituenon.

Erfinde selbst
eine Geheimschrift!
Schreibe einen
Text zu deiner
Schulzeit!

a → u
e → o
i → a
o → e
u → i

1. Station: Substantive

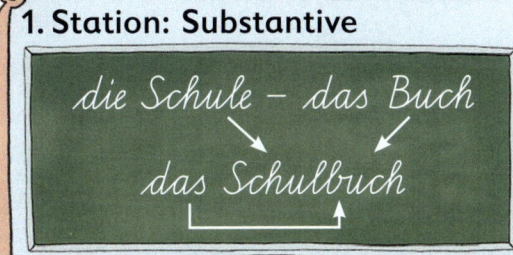

die Schule – das Buch

das Schulbuch

2. Station: Adjektive

Ich war schnell!

Ich war schneller!

Ich war am schnellsten!

3. Station: Verben

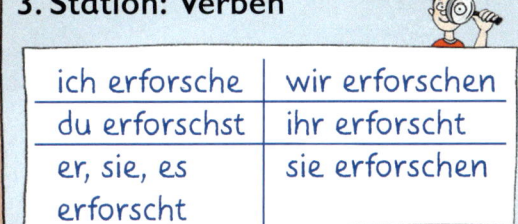

ich erforsche	wir erforschen
du erforschst	ihr erforscht
er, sie, es erforscht	sie erforschen

4. Station: Zeitformen der Verben

ich schreibe (Präsens)

ich schrieb (Präteritum)

ich werde schreiben (Futur)

ich habe geschrieben (Perfekt)

5. Station: Satzarten und wörtliche Rede

6. Station: Satzglieder

mit seinen Freunden

Emil

den Dieb

jagt

7. Station: Tipps und Tricks

Für Rechtschreib-detektive!

8. Station: Einen Bericht planen und schreiben

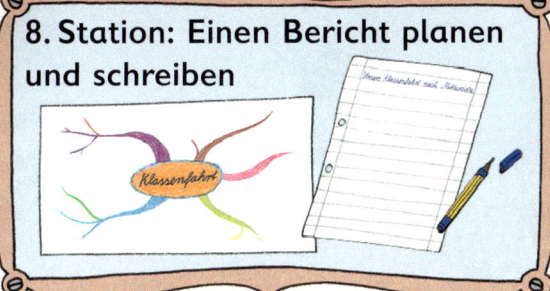

Klassenfahrt

1. Station: Substantive

1 Finde die sieben Substantive und schreibe sie mit unbestimmtem Artikel auf! Achtung! Zwei Substantive sind Eigennamen. Schreibe sie ohne Artikel auf!

FREUNDSCHAFT, GEHT, SCHÖN, LANGSAM, HAUS, ANGST, FUHR, EUROPA, MARIA, JETZT, WILDSCHWEIN, GEHEIMNIS

2 Welche Feste habt ihr gemeinsam gefeiert? Bilde zusammengesetzte Substantive! Markiere immer das Bestimmungswort!
das Weihnachtsfest, ...

3 Bilde Substantive mit **-heit**, **-keit**, **-nis** oder **-ung**:
geheim, überraschen, dunkel, erleben, vorbereiten, fröhlich.
Schreibe so: *geheim – das Geheimnis, ...*

4 Die Klasse 4a hat bei einer Wanderung mit dem Förster viel gelernt. Beantwortet die Fragen und bestimmt die Fälle!

Wer oder was trägt ein Geweih? ... ... (... Fall)
Wessen Jungtier heißt Kitz? ... ... (... Fall)
Wem ist der Jäger auf der Spur? ... ... (... Fall)
Wen oder was erkennt man an seinem rotbraunen Fell? ... ... (... Fall)

5 Kontrolliere deine Lösungen mit der Grammatiktafel!
Lies die Merksätze über Substantive!

Wiederholung Substantive: Konkreta und Abstrakta mit den Suffixen -ung, -heit, -keit, -nis, die vier Fälle

2. Station: Adjektive

1 Finde die neun Adjektive!

wunderbar, ging, fröhlich, neidisch, größer, gesund, gespielt, wichtig, fehlerlos, langsam, besser, sieht

2 Lege eine Tabelle mit 3 Spalten und 6 Zeilen an! Trage die Adjektive in die richtige Spalte ein und ergänze immer die fehlenden Formen!

| schön | länger | groß | am klügsten | fleißiger |

Grundstufe	Mehrstufe	Meiststufe

3 Vergleiche!
Nutze die Adjektive aus Aufgabe 2!
Schreibe so: *Goldmarie ist … als Pechmarie.*

Goldmarie – Pechmarie
Rapunzels Zopf – eine Strickleiter
das tapfere Schneiderlein – die Riesen
Schneewittchen – ?

4 Bilde aus den Substantiven Adjektive mit **-ig**, **-lich** oder **-isch**!
Schreibe so: *der Sturm – stürmisch, …*

der Sturm   der Neid   das Öl   die Angst   die List   die Gefahr
die Mode   das Glück   die Zukunft   der Fleiß   der Sand

5 Finde zur Wortfamilie **Furcht** mindestens drei Adjektive
mit **-los**, **-ig**, **-bar**, **-lich**, **-sam** oder **-isch**!

6 Kontrolliere deine Lösungen mit dem Wörterverzeichnis!

3. Station: Verben

1 Schreibe die Verben im Präsens
in allen Personalformen auf!
Schreibe so: *ich lese*
            du ...

Erkundige dich,
ob ein anderes Kind
deine Hilfe für eine
Aufgabe braucht!

lesen   schreiben

2 Bilde aus den Wortbausteinen und dem Verb **fahren** neue Verben!

ab   be   durch   bei
mit   ver   ein   vor

3 Setze passende Verben aus Aufgabe 2 in die Lücken ein!
Schreibe die vollständigen Sätze auf!

Unser Zug *fährt* um 9.00 Uhr ....
Wir ... alle ....
Der Schnellzug kann sich nicht ....
Pünktlich um 11.00 Uhr ... wir im Zielbahnhof ....

4 Schreibe alle Verbformen aus dem Text auf! Bilde auch die Grundform!
Schreibe so: *sie fährt – fahren, ...*

Die Klassenfahrt
Im Juni fährt unsere Klasse ins Schullandheim. Dort erkundet
der Förster mit uns den Wald. Wir beraten, was wir brauchen.
Simon packt schon sein Fernglas ein. Julia nimmt ihre Sonnenbrille mit.
Ob Frau Bach mit uns eine Wanderung macht?

5 Schreibe einen Text zum Thema Regen!
Verwende die Verben **herabfallen,
herunterprasseln, nachlassen, tröpfeln**!
Schreibe so: *Zuerst ...*

Schlage
Verben mit
Wortbausteinen
auch ohne die
Wortbausteine
nach!

6 Kontrolliere deine Lösungen mithilfe der Tabelle auf Seite 135!

4. Station: Zeitformen der Verben

1   Lies den Text!
Schreibe dann alle Verbformen im Perfekt auf!
wir haben gelernt, …

Was haben wir gelernt?
Frau Bach sagt: „Wir haben viel über
das Leben in früherer Zeit gelernt. Im Museum
habt ihr über die alten Schulbänke gestaunt.
Paul hat für uns einen Kurzvortrag zum
Thema Wohnen früher und heute vorbereitet.
Ich habe dafür zehn Minuten eingeplant."

2   Ergänze in den Lücken folgende Verben in der richtigen Zeitform!
Schreibe zwei weitere Sätze!
Schreibe so: *Früher: Viele Menschen wohnten …*

| leben | heizen | baden | stehen | aufwachsen | wohnen |

Früher
Viele Menschen … in einem Raum
oder einer sehr kleinen Wohnung.
Sie … mit Kohlen und Holz.
Die Familie … in einer Zink-
badewanne in der Küche.
In vielen Haushalten … Kartoffeln
und Kohl auf dem Speiseplan.
Die Kinder … oft mit vielen
Geschwistern … .

Heute
Viele Menschen … in einer
Wohnung oder in einem Haus.
Sie … mit Gas oder Öl.
Die Familie … in einem
Badezimmer.
In vielen Haushalten … vielfältige
Lebensmittel auf dem Speiseplan.
Die Kinder … oft als Einzelkind
oder mit wenigen Geschwistern … .

3   Welche Erwartungen hast du an das 5. Schuljahr?
Benutze die Zeitform Futur!
Schreibe so: *Ich werde neue Fächer haben. …*

4   Kontrolliere die Zeitformen der Verben
mithilfe des Wörterverzeichnisses!

5. Station: Satzarten und wörtliche Rede

1 Lies Marias Aufruf ausdrucksvoll! Was stellst du fest?

Achtung An alle Klassen
Morgen findet unser
Schulsportfest statt
Welche Klasse wird Sieger
Kommt alle pünktlich
um 8 Uhr zum Sportplatz
Für Getränke ist gesorgt

2 Schreibe den Text ab und setze die passenden Satzschlusszeichen!

3 Schreibe den Witz auf! Setze die richtigen Satzzeichen der wörtlichen
Rede und die passenden Satzschlusszeichen! Markiere den Begleitsatz!

Am Tag nach dem Sportfest ist Unterricht.
Die Lehrerin sagt zu einem Schüler ▢ ▢ Bilde die Personalformen
von **gehen** ▢ ▢
Der Schüler antwortet ▢ ▢ Ich gehe, sie gehen ▢ ▢
▢ Das waren ▢ ▢ meint die Lehrerin ▢ ▢ nicht alle
Personalformen ▢ ▢
Der Schüler denkt nach ▢
▢ Versuche es noch einmal ▢ ▢ bittet die Lehrerin ▢
▢ Ich gehe, wir gehen ▢ ▢ antwortet der Schüler langsam ▢
▢ Kannst du das schneller ▢ ▢ fragt die Lehrerin ▢
Der Schüler erwidert ▢ ▢ Ich laufe, du läufst, sie läuft ▢ ▢

4 Schreibe den Begleitsatz vor, zwischen
und nach der wörtlichen Rede auf!

Lois ruft Das Sportfest war ganz toll!

5 Kontrolliere die Zeichensetzung der wörtlichen Rede
mit der Grammatiktafel!

6. Station: Satzglieder und Satzbauplan

1 Lies den Bericht!

Unser Schulfest – ein voller Erfolg!
Viele Eltern besuchten am letzten Samstag <u>unser Schulfest</u>.
<mark>Auf einer Bühne sangen die Kinder des Chores neue und bekannte Lieder.</mark> Unsere Fußballer forderten um 15.00 Uhr auf dem Sportplatz <u>eine Elternmannschaft</u> zum Spiel heraus. Am Glücksrad konnte man <u>tolle Preise</u> gewinnen. Lisa und Lukas halfen auf dem Schulhof <u>einem lustigen Clown</u>. Er formte aus Luftballons seltsame Tiere.
Bis 18.00 Uhr feierten alle ausgelassen.

2 Stelle den ersten Satz aus Aufgabe 1 so oft um, wie du kannst!
Markiere die Satzglieder in jedem Satz jeweils in derselben Farbe!

3 Schreibe zu dem markierten Satz
einen Satzbauplan!
Markiere Subjekt und Prädikat
in verschiedenen Farben!

Einen Satzbauplan findest du auf Seite 91!

4 Frage nach den im Text unterstrichenen Wortgruppen!
Schreibe deine Fragen auf!
Bestimme dann den Fall dieser Satzergänzungen!
Schreibe so:

Wen oder was besuchten viele Eltern? – unser Schulfest
Satzergänzung im 4. Fall (Akkusativobjekt)

5 Suche im Text Orts- und Zeitangaben!
Schreibe so: *Ortsangaben: …*
         Zeitangaben: …

6 Kontrolliere deine Lösungen mit dem Merksatz
über Satzglieder auf der Grammatiktafel!

7. Station: Tipps und Tricks

1 Was hilft euch, Wörter richtig zu schreiben?
Lest die folgenden Tipps und Regeln!
Kennt ihr noch weitere Tipps? Tauscht euch aus!

5 überlegen: Was hilft außerdem?

ABC-Freunde

1 Stolperwörter markieren

3 silbenweise sprechen

2 lesen und deutlich mitsprechen

4 überlegen: Wann wird ein Wort großgeschrieben?

2 Schreibt die folgenden Sätze richtig auf!
Besprecht, welche Regeln oder Tipps
und Tricks ihr anwenden könnt!

Wörter verlängern? Verwandte Wörter?

Langer oder kurzer Selbstlaut?

> das kla█enzimmer so█ vor den ferien aufger█mt werden.

> jedes kin█ ni█t seine bü█er mit. paul gi█t den pflan█en wa█er.

> alle pa█en eifrig mit an.

3 Kontrolliere die Wörter, die das Programm mit einer roten Wellenlinie
markiert hat! Finde die zwei Fehler, die der Computer nicht erkannt hat!
Schreibe den Text richtig auf!

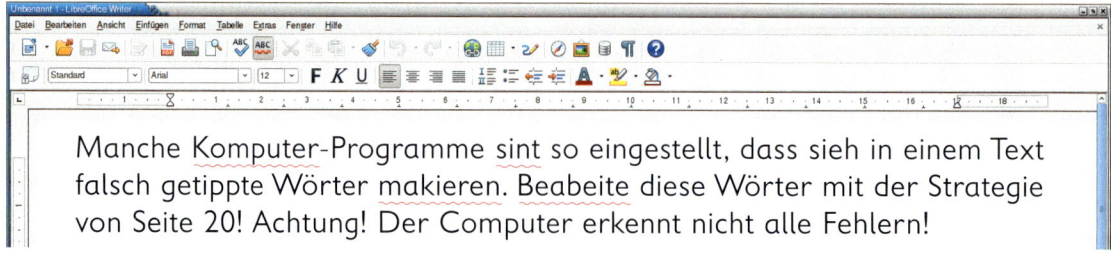

Manche Komputer-Programme sint so eingestellt, dass sieh in einem Text
falsch getippte Wörter makieren. Beabeite diese Wörter mit der Strategie
von Seite 20! Achtung! Der Computer erkennt nicht alle Fehlern!

4 Kontrolliere deine Texte!
Markiere weitere Stolperwörter! Schlage sie im Wörterbuch nach!

Wiederholung Rechtschreibstrategien: verwandte Wörter finden, verlängern,
Vokallänge hören, silbisch sprechen, Substantivprobe, Adjektivprobe, Verbprobe

8. Station: Einen Bericht planen und schreiben

1 Lies auf Seite 76 nach, wie du eine Mindmap erstellst!

2 Vervollständige die Mindmap mit folgenden Begriffen! Ergänze eigene Gedanken!

Ausflug Einschulung Klassenarbeiten

Matheolympiade Museum Projekte

Sportfest Theater Verabschiedung

Wandertag Weihnachtsfeier Werkstatt

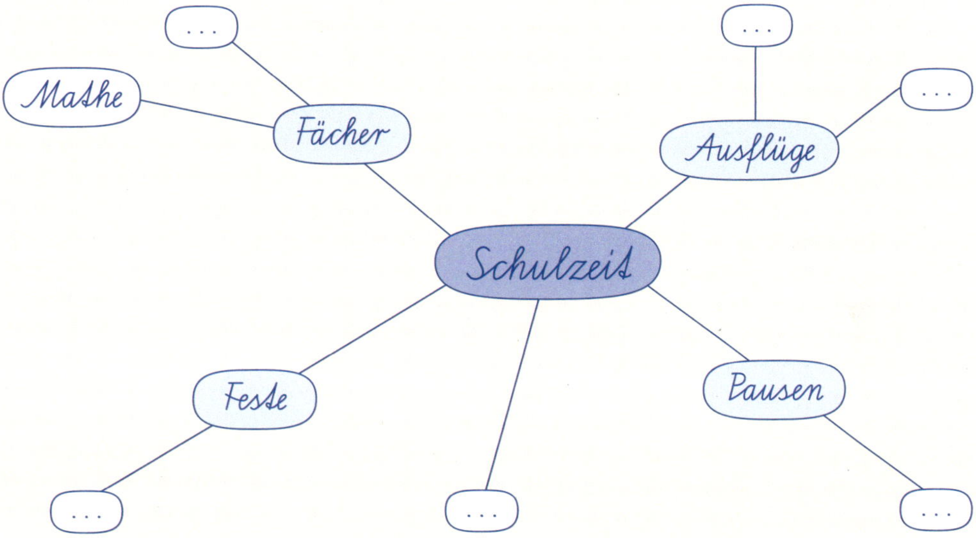

Mathe — Fächer — ... / ...

Fächer — Schulzeit

Ausflüge — ... / ...

Schulzeit

Feste — ...

... (Schulzeit)

Pausen — ...

3 Schreibe zu einem Hauptast und dessen Zweigen einen Bericht! Denke an eine Überschrift! Schreibe im Präteritum!

4 Kontrolliere, ob du die Fragen von Seite 100 in deinem Bericht beantwortet hast!

Ein Bericht enthält keine eigene Meinung.

5 Überarbeite deinen Bericht, wenn noch etwas fehlt!

Die Formen der Substantive/Wortfelder

Einzahl (Singular)	männlich	weiblich	sächlich
1. Fall/Nominativ *Wer oder was?*	der junge Mann ein junger Mann	die kluge Frau eine kluge Frau	das kleine Kind ein kleines Kind
2. Fall/Genitiv *Wessen?*	des jungen Mannes eines jungen Mannes	der klugen Frau einer klugen Frau	des kleinen Kindes eines kleinen Kindes
3. Fall/Dativ *Wem?*	dem jungen Mann einem jungen Mann	der klugen Frau einer klugen Frau	dem kleinen Kind einem kleinen Kind
4. Fall/Akkusativ *Wen oder was?*	den jungen Mann einen jungen Mann	die kluge Frau eine kluge Frau	das kleine Kind ein kleines Kind
Mehrzahl (Plural)			
1. Fall/Nominativ *Wer oder was?*	die jungen Männer	die klugen Frauen	die kleinen Kinder
2. Fall/Genitiv *Wessen?*	der jungen Männer	der klugen Frauen	der kleinen Kinder
3. Fall/Dativ *Wem?*	den jungen Männern	den klugen Frauen	den kleinen Kindern
4. Fall/Akkusativ *Wen oder was?*	die jungen Männer	die klugen Frauen	die kleinen Kinder

Wortfeld zum Verb sagen

sprechen
berichten
fragen
meinen
reden
rufen

antworten
einwenden
entgegnen
widersprechen

Wortfeld zum Thema Haus

Gebäude
Hütte
Wohnsitz
Baracke
Bude
Hotel
Villa

flüstern
hauchen
tuscheln
wispern
murmeln

brüllen
kreischen
schreien
schimpfen
zischen
quasseln

Die Formen der Verben/Wortfelder

Grundform (Nennform) **sagen/gehen**				
Person	Präsens	Präteritum	Perfekt	Futur
Einzahl (Singular)				
1. Person: ich	ich sage	ich sagte	ich habe gesagt	ich werde sagen
	ich gehe	ich ging	ich bin gegangen	ich werde gehen
2. Person: du	du sagst	du sagtest	du hast gesagt	du wirst sagen
	du gehst	du gingst	du bist gegangen	du wirst gehen
3. Person: er, sie, es	er, sie, es sagt	er, sie, es sagte	er, sie, es hat gesagt	er, sie, es wird sagen
	er, sie, es geht	er, sie, es ging	er, sie, es ist gegangen	er, sie, es wird gehen
Mehrzahl (Plural)				
1. Person: wir	wir sagen	wir sagten	wir haben gesagt	wir werden sagen
	wir gehen	wir gingen	wir sind gegangen	wir werden gehen
2. Person: ihr	ihr sagt	ihr sagtet	ihr habt gesagt	ihr werdet sagen
	ihr geht	ihr gingt	ihr seid gegangen	ihr werdet gehen
3. Person: sie	sie sagen	sie sagten	sie haben gesagt	sie werden sagen
	sie gehen	sie gingen	sie sind gegangen	sie werden gehen

Wortfeld zum Verb sehen

anblicken
angucken
anschauen
betrachten
beobachten

schielen
blinzeln
zwinkern

mustern
anhimmeln
glotzen
gaffen
anstarren

Wortfeld zum Thema schön

herrlich
wunderbar
prächtig
edel
einzigartig
grandios
prima

Wörterverzeichnis

A a

der **Aal**, die Aa|le
  ab: ab heute
der **Abend**, die Aben|de
  aber
die **Ach|se**, die Ach|sen
  acht
  ach|ten, er ach|tet, ach|te|te, hat ge|ach|tet
der **Ad|vent**
  ähn|lich: eine ähnliche Federmappe
  al|le, al|les
  als
  alt, älter, am ältesten: ein alter Baum, älter als ich
  am (an dem): am Tisch
die **Am|pel**, die Am|peln
  an: an der Leine
  än|dern, sie än|dert, än|der|te, hat ge|ändert
  an|ders
  an|fas|sen, er fasst an, fass|te an, hat an|ge|fasst
die **Angst**, die Ängs|te
  ängst|lich: eine ängstliche Maus
  an|kli|cken, sie klickt an, klick|te an, hat an|ge|klickt
(sich) **an|stren|gen,** sie strengt (sich) an, streng|te (sich) an, hat (sich) an|ge|strengt
  ant|wor|ten, sie ant|wor|tet, ant|wor|te|te, hat ge|ant|wor|tet
der **Ap|fel**, die Äp|fel
der **April**
die **Ar|beit**, die Ar|bei|ten
  ar|bei|ten, sie ar|bei|tet, ar|bei|te|te, hat ge|ar|bei|tet
der **Ar|bei|ter**, die Ar|bei|ter
(sich) **är|gern,** er är|gert (sich), är|ger|te (sich), hat sich ge|är|gert
der **Arm**, die Ar|me
der **Arzt**, die Ärz|te
die **Ärz|tin**, die Ärz|tin|nen
der **Ast**, die Äs|te
  auch
  auf: auf dem Berg
die **Auf|ga|be**, die Auf|ga|ben
  auf|räu|men, er räumt auf, räum|te auf, hat auf|ge|räumt
  auf|we|cken, er weckt auf, weck|te auf, hat auf|ge|weckt
das **Au|ge**, die Au|gen
der **Au|gust**
  aus: aus Berlin kommen
  aus|dru|cken, sie druckt aus, druck|te aus, hat aus|ge|druckt
  au|ßen: nach außen hin
das **Au|to**, die Au|tos
die **Axt**, die Äx|te

B b

das **Ba|by**, die Ba|bys
  ba|cken, ich ba|cke, er backt/bäckt, back|te/buk, hat ge|ba|cken
der **Bä|cker**, die Bä|cker
das **Bad**, die Bä|der
  ba|den, sie ba|det, ba|de|te, hat ge|badet
die **Bahn**, die Bah|nen

  bald
der **Ball**, die Bäl|le
die **Bank**, die Bän|ke
der **Bass**, die Bäs|se
  er **bat** ↗ bitten
der **Bauch**, die Bäu|che
  bau|en, er baut, bau|te, hat ge|baut
der **Bau|er**, die Bau|ern
der **Baum**, die Bäu|me
die **Bee|re**, die Bee|ren
das **Beet**, die Bee|te
  sie **be|gann** ↗ beginnen
  be|gin|nen: sie beginnt, begann, hat be|gon|nen
der **Be|glei|ter**, die Be|glei|ter
  (auch für die Wortart Artikel)
  hat **be|gon|nen** ↗ beginnen
  bei
das **Bein**, die Bei|ne
  bei|ßen: es beißt, biss, hat ge|bis|sen
das **Bei|spiel**, die Bei|spie|le
  be|loh|nen, er be|lohnt, be|lohn|te, hat be|lohnt
  be|ob|ach|ten, er be|ob|ach|tet, be|ob|ach|te|te, hat be|ob|ach|tet
  be|quem: ein bequemer Sessel
  be|reits
der **Berg**, die Ber|ge
der **Be|ruf**, die Be|ru|fe
  be|set|zen, er be|setzt, be|setz|te, hat be|setzt
  be|sich|ti|gen, er be|sich|tigt, be|sich|tig|te, hat be|sich|tigt
  be|stimmt: Sie kommt bestimmt.
  be|trach|ten, sie be|trach|tet, be|trach|te|te, hat be|trach|tet
das **Bett**, die Bet|ten
  be|vor: Putze deine Zähne, bevor du ins Bett gehst!
  be|we|gen, sie be|wegt, be|weg|te, hat be|wegt
  be|zah|len, er be|zahlt, be|zahl|te, hat be|zahlt
  bie|gen: sie biegt, bog, hat ge|bo|gen
die **Bie|ne**, die Bie|nen
das **Bild**, die Bil|der
  bil|lig: ein billiges Auto
  ich **bin** ↗ sein: Ich bin da.
die **Bir|ne**, die Bir|nen
  bis
  es **biss** ↗ beißen
der **Biss**, die Bis|se
  biss|chen: ein bisschen ängstlich sein
  du **bist** ↗ sein
die **Bit|te**, die Bit|ten
  bit|ten, er bit|tet, bat, hat ge|be|ten
das **Blatt**, die Blät|ter
  blau: das blaue Kleid
  blei|ben, sie bleibt, blieb, ist ge|blie|ben
  bli|cken, er blickt, blick|te, hat ge|blickt
  sie **blieb** ↗ bleiben
  blind: das blinde Huhn
der **Blitz**, die Blit|ze
  blit|zen, es blitzt, blitz|te, hat ge|blitzt
der **Block**, die Blö|cke
  bloß (nur)
  blü|hen, es blüht, blüh|te, hat ge|blüht
die **Blu|me**, die Blu|men
die **Blü|te**, die Blü|ten
der **Bo|den**, die Bö|den
  sie **bog** ↗ biegen
  boh|ren, sie bohrt, bohr|te, hat ge|bohrt

böse: ein böser Traum
das Boot, die Boote
boxen, sie boxt, boxte, hat geboxt
sie brachte ↗ bringen
der Brand, die Brände
es brannte ↗ brennen
brauchen, er braucht, brauchte, hat gebraucht
braun: braunes Fell
brav: ein braves Pony
breit: der breite Fluss
die Bremse, die Bremsen
brennen, es brennt, brannte, hat gebrannt
der Brief, die Briefe
die Brille, die Brillen
bringen, sie bringt, brachte, hat gebracht
das Brot, die Brote
das Brötchen, die Brötchen
die Brücke, die Brücken
der Bruder, die Brüder
das Buch, die Bücher
die Büchse, die Büchsen
der Buchstabe, die Buchstaben
er buk ↗ backen
bunt: die bunten Blätter
die Burg, die Burgen
der Bus, die Busse
der Busch, die Büsche
die Butter

C c

der Cent, die Cents
der Chor, die Chöre
der Christbaum, die Christbäume
der Clown, die Clowns
der/das Comic, die Comics
der Computer, die Computer

D d

da: da sein
das Dach, die Dächer
der Dachs, die Dachse
er dachte ↗ denken
damals
danken, er dankt, dankte, hat gedankt
der Dampf, die Dämpfe
dann
das
dass: hoffen, dass keiner krank wird
die Decke, die Decken
decken, sie deckt, deckte, hat gedeckt
dem: auf dem Sofa liegen
den: in den Keller gehen
denken, er denkt, dachte, hat gedacht
denn: Was ist denn los?
der
des: des Jungen Träume
deutlich: eine deutliche Aussprache
deutsch: die deutsche Sprache
Deutschland
der Dezember
dich: Ich lade dich ein.
dicht: dicht an der Schule wohnen
dick: ein dickes Buch
die

der Dieb, die Diebe
der Dienstag, die Dienstage
dies, diese, dieser, dieses: dies und das
dir: Wie geht es dir?
doch
der Donner, die Donner
donnern, es donnert, donnerte, hat gedonnert
der Donnerstag, die Donnerstage
doppelt: doppelt so groß
das Dorf, die Dörfer
dort
der Draht, die Drähte
draußen: draußen spielen
der Dreck
dreckig: eine dreckige Hose
drehen, er dreht, drehte, hat gedreht
drei
dreißig
drängeln, sie drängelt, drängelte, hat gedrängelt
drängen, er drängt, drängte, hat gedrängt
drucken, er druckt, druckte, hat gedruckt
drücken, sie drückt, drückte, hat gedrückt
du
dumm, dümmer, am dümmsten:
ein dummer Streich
dunkel, dunkler, am dunkelsten: im dunklen Keller
dünn: ein dünner Stoff
durch
dürfen, er darf, wir dürfen, durfte, hat gedurft
er durfte ↗ dürfen
der Durst
durstig: ein durstiges Kamel

E e

die Ecke, die Ecken
eckig: ein eckiges Quadrat
ehe (bevor)
die Ehre, die Ehren
ehrlich: eine ehrliche Finderin
das Ei, die Eier
das Eigenschaftswort (Adjektiv), die Eigenschaftswörter
eigentlich: Eigentlich (in Wirklichkeit) ist er nett.
ein, eine, einem, einen, einer, eines
einfach: eine einfache Aufgabe
eins
einzeln: ein einzelnes Haus
das Eis
elf
die Elster, die Elstern
die Eltern
die E-Mail, die E-Mails
empfangen, sie empfängt, empfing, hat empfangen
sie empfängt ↗ empfangen
empfindlich: eine empfindliche Stelle
sie empfing ↗ empfangen
das Ende, die Enden
eng: der enge Schuh
entdecken, sie entdeckt, entdeckte, hat entdeckt
die Ente, die Enten
entfernen, sie entfernt, entfernte, hat entfernt
die Entfernung, die Entfernungen
entgegen: entgegen meinem Vorschlag
entlang: eine Straße entlang

entwickeln, sie entwickelt, entwickelte, hat entwickelt
die **Entwicklung**, die Entwicklungen
er: Er freut sich.
die **Erde**
die **Erfahrung**, die Erfahrungen
die **Ergänzung**, die Ergänzungen
(sich) **erholen**, sie erholt (sich), erholte (sich), hat (sich) erholt
erklären, sie erklärt, erklärte, hat erklärt
die **Erklärung**, die Erklärungen
erlauben, er erlaubt, erlaubte, hat erlaubt
die **Erlaubnis**, die Erlaubnisse
erleben, sie erlebt, erlebte, hat erlebt
das **Erlebnis**, die Erlebnisse
ernähren, er ernährt, ernährte, hat ernährt
die **Ernährung**, die Ernährungen
ernst: eine ernste Sache
die **Ernte**, die Ernten
er **erschrak** ↗ erschrecken
erschrecken, ich erschrecke, er erschrickt, erschrak, ist erschrocken
er **erschrickt** ↗ erschrecken
ist **erschrocken** ↗ erschrecken
erste: der erste Tag
erwarten, er erwartet, erwartete, hat erwartet
die **Erwartung**, die Erwartungen
erzählen, sie erzählt, erzählte, hat erzählt
die **Erzählung**, die Erzählungen
es: Heute regnet es.
essen, ich esse, er isst, aß, hat gegessen: Iss etwas!
etwas: etwas Schönes
euch
euer: euer Haus
die **Eule**, die Eulen
der **Euro**, die Euros
Europa

F f

das **Fach**, die Fächer
die **Fahne**, die Fahnen
fahren, ich fahre, sie fährt, fuhr, hat/ist gefahren
das **Fahrrad**, die Fahrräder
sie **fährt** ↗ fahren
fair: ein faires Spiel
fallen, ich falle, er fällt, fiel, ist gefallen
er **fällt** ↗ fallen
falsch: eine falsche Antwort
der **Familie**, die Familien
er **fand** ↗ finden
fangen, ich fange, sie fängt, fing, hat gefangen
sie **fängt** ↗ fangen
das **Fass**, die Fässer
fassen, er fasst, fasste, hat gefasst
fast (beinahe)
faul: ein faules Faultier
die **Faulheit**
der **Februar**
die **Fee**, die Feen
fehlen, sie fehlt, fehlte, hat gefehlt
der **Fehler**, die Fehler
fehlerlos: eine fehlerlose Arbeit
die **Feier**, die Feiern
feiern, er feiert, feierte, hat gefeiert

fein: feiner Sand
das **Feld**, die Felder
das **Fenster**, die Fenster
die **Ferien**
der **Fernseher**, die Fernseher
fertig: eine fertige Arbeit
fest: ein fester Schuh
fett: ein fetter Brocken
das **Fett**, die Fette
feucht: ein feuchter Strumpf
das **Feuer**, die Feuer
die **Fichte**, die Fichten
er **fiel** ↗ fallen
finden, er findet, fand, hat gefunden
sie **fing** ↗ fangen
der **Finger**, die Finger
die **Finsternis**, die Finsternisse
der **Fisch**, die Fische
fischen, sie fischt, fischte, hat gefischt
die **Fläche**, die Flächen
die **Flasche**, die Flaschen
das **Fleisch**
der **Fleiß**
fleißig: fleißige Bienen
die **Fliege**, die Fliegen
fliegen, er fliegt, flog, ist geflogen
fliehen, er flieht, floh, ist geflohen
fließen, es fließt, floss, ist geflossen
er **flog** ↗ fliegen
der **Floh**, die Flöhe
er **floh** ↗ fliehen
es **floss** ↗ fließen
der **Flug**, die Flüge
der **Flügel**, die Flügel
das **Flugzeug**, die Flugzeuge
der **Flur**, die Flure
der **Fluss**, die Flüsse
flüssig: flüssig schreiben
die **Flüssigkeit**, die Flüssigkeiten
flüstern, sie flüstert, flüsterte, hat geflüstert
die **Fotografin**, die Fotografinnen
die **Frage**, die Fragen
fragen, sie fragt, fragte, hat gefragt
sie **fraß** ↗ fressen
die **Frau**, die Frauen
frech: eine freche Antwort
frei: freier Eintritt
die **Freiheit**, die Freiheiten
der **Freitag**, die Freitage
fremd: eine fremde Frau; der/die Fremde
fressen, ich fresse, sie frisst, fraß, hat gefressen
die **Freude**, die Freuden
sich **freuen**, er freut sich, freute sich, hat sich gefreut
der **Freund**, die Freunde
die **Freundin**, die Freundinnen
der **Frieden**
friedlich: ein friedlicher Ort
frieren, er friert, fror, hat gefroren
frisch: frisches Obst
sie **frisst** ↗ fressen
froh: eine frohe Nachricht
fröhlich: ein fröhlicher Mensch
er **fror** ↗ frieren
die **Frucht**, die Früchte
früh: morgen früh
der **Frühling**

der **Fuchs**, die Füch|se
    füh|len, sie fühlt, fühl|te, hat ge|fühlt
  sie **fuhr** ↗ fah|ren
    füh|ren, sie führt, führ|te, hat ge|führt
    fül|len, sie füllt, füll|te, hat ge|füllt
    fünf
    für
    furcht|bar: ein furchtbarer Tag
    furcht|los: ein furchtloser Held
    furcht|sam: ein furchtsamer Hase
der **Fuß**, die Fü|ße
das **Fut|ter**

G g

  er **gab** ↗ ge|ben
die **Gans**, die Gän|se
    ganz: die ganze Welt
der **Gar|ten**, die Gär|ten
der **Gärt|ner**, die Gärt|ner
die **Gas|se**, die Gas|sen
das **Ge|bäu|de**, die Ge|bäu|de
    ge|ben, ich ge|be, er gibt, gab, hat ge|ge|ben:
    Gib mir bitte das Brot!
hat **ge|be|ten** ↗ bit|ten
hat **ge|bis|sen** ↗ bei|ßen
  ist **ge|blie|ben** ↗ blei|ben
hat **ge|bo|gen** ↗ bie|gen
hat **ge|bracht** ↗ brin|gen
hat **ge|brannt** ↗ bren|nen
die **Ge|burt**, die Ge|bur|ten
hat **ge|dacht** ↗ den|ken
hat **ge|durft** ↗ dür|fen
die **Ge|fahr**, die Ge|fah|ren
    ge|fähr|lich: ein gefährliches Abenteuer
  ist **ge|flo|gen** ↗ flie|gen
  ist **ge|flo|hen** ↗ flie|hen
  ist **ge|flos|sen** ↗ flie|ßen
hat **ge|fres|sen** ↗ fres|sen
hat **ge|fro|ren** ↗ frie|ren
hat **ge|fun|den** ↗ fin|den
  ist **ge|gan|gen** ↗ ge|hen
    ge|gen
hat **ge|ges|sen** ↗ es|sen
hat **ge|gos|sen** ↗ gie|ßen
hat **ge|gra|ben** ↗ gra|ben
hat **ge|grif|fen** ↗ grei|fen
    ge|heim: eine geheime Wahl
das **Ge|heim|nis**, die Ge|heim|nis|se
    ge|hen, sie geht, ging, ist ge|gan|gen
hat **ge|ho|ben** ↗ he|ben
hat **ge|hol|fen** ↗ hel|fen
    gei|zig: ein geiziger Mensch
hat **ge|kannt** ↗ ken|nen
hat **ge|klun|gen** ↗ klin|gen
hat **ge|konnt** ↗ kön|nen
  ist **ge|kro|chen** ↗ krie|chen
  es **ge|lang** ↗ ge|lin|gen
    gelb: die gelbe Blu|me
das **Geld**, die Gel|der
hat **ge|le|gen** ↗ lie|gen
    ge|lin|gen, es ge|lingt, ge|lang, ist ge|lun|gen
hat **ge|lit|ten** ↗ lei|den
  ist **ge|lun|gen** ↗ ge|lin|gen
die **Ge|mein|de**, die Ge|mein|den
das **Ge|mü|se**

hat **ge|mol|ken** ↗ mel|ken
hat **ge|musst** ↗ müs|sen
    ge|nau: etwas genau nehmen
hat **ge|nom|men** ↗ neh|men
    ge|nug: genug haben
hat **ge|pfif|fen** ↗ pfei|fen
  ist **ge|rannt** ↗ ren|nen
hat **ge|ris|sen** ↗ rei|ßen
    gern, lie|ber, am liebs|ten:
    Ich gehe gern ins Schwimmbad.
hat **ge|ro|chen** ↗ rie|chen
der **Ge|ruch**, die Ge|rü|che
der **Ge|sang**, die Ge|sän|ge
das **Ge|schäft**, die Ge|schäf|te
  es **ge|schah** ↗ ge|sche|hen
    ge|sche|hen, es ge|schieht, ge|schah, ist ge|sche|hen
das **Ge|schenk**, die Ge|schen|ke
  es **ge|schieht** ↗ ge|sche|hen
hat **ge|schie|nen** ↗ schei|nen
hat **ge|schlos|sen** ↗ schlie|ßen
der **Ge|schmack**, die Ge|schmä|cke
  ist **ge|schmol|zen** ↗ schmel|zen
hat **ge|schnit|ten** ↗ schnei|den
hat **ge|scho|ben** ↗ schie|ben
hat **ge|schrie|ben** ↗ schrei|ben
hat **ge|schrien** ↗ schrei|en
hat **ge|schwie|gen** ↗ schwei|gen
hat/ist **ge|schwom|men** ↗ schwim|men
das **Ge|setz**, die Ge|set|ze
das **Ge|sicht**, die Ge|sich|ter
das **Ge|spräch**, die Ge|sprä|che
hat **ge|spro|chen** ↗ spre|chen
  ist **ge|sprun|gen** ↗ sprin|gen
hat **ge|stan|den** ↗ ste|hen
    ges|tern: gestern Morgen
  ist **ge|stie|gen** ↗ stei|gen
  ist **ge|stor|ben** ↗ ster|ben
hat **ge|stri|chen** ↗ strei|chen
hat **ge|strit|ten** ↗ strei|ten
    ge|sund, ge|sün|der, am ge|sün|des|ten:
    gesundes Essen
die **Ge|sund|heit**
hat **ge|sun|gen** ↗ sin|gen
  ist **ge|sun|ken** ↗ sin|ken
hat **ge|tan** ↗ tun
das **Ge|trei|de**, die Ge|trei|de
hat **ge|trof|fen** ↗ tref|fen
hat **ge|trun|ken** ↗ trin|ken
das **Ge|wächs**, die Ge|wäch|se
  ist **ge|wach|sen** ↗ wach|sen
  er **ge|wann** ↗ ge|win|nen
  ist **ge|we|sen** ↗ sein
    ge|win|nen, er ge|winnt, ge|wann, hat ge|won|nen
das **Ge|wit|ter**, die Ge|wit|ter
hat **ge|wo|gen** ↗ wie|gen
hat **ge|won|nen** ↗ ge|win|nen
  ist **ge|wor|den** ↗ wer|den
hat **ge|wor|fen** ↗ wer|fen
das **Ge|würz**, die Ge|wür|ze
hat **ge|wusst** ↗ wis|sen
hat **ge|zo|gen** ↗ zie|hen
hat **ge|zwun|gen** ↗ zwin|gen
  er **gibt** ↗ ge|ben
    gie|ßen, er gießt, goss, hat ge|gos|sen
  sie **ging** ↗ ge|hen
der **Glanz**

das **Glas**, die Glä|ser
   glatt: das glatte Eis
   gleich: gleich große Kinder
das **Glück**
   glück|lich: ein glückliches Kind
   glü|hen, es glüht, glühte, hat ge|glüht
das **Gold**
 er **goss** ↗ gie|ßen
der **Gott**, die Göt|ter
   gra|ben, sie gräbt, grub, hat ge|gra|ben
das **Gras**, die Grä|ser
   grei|fen, er greift, griff, hat ge|grif|fen
die **Gren|ze**, die Gren|zen
 er **griff** ↗ grei|fen
   groß, größer, am größ|ten: ein großes Eis
 sie **grub** ↗ gra|ben
   grün: das grüne Gras
der **Grund**, die Grün|de
die **Grup|pe**, die Grup|pen
der **Gruß**, die Grü|ße
   grü|ßen, er grüßt, grüß|te, hat ge|grüßt
die **Gur|ke**, die Gur|ken
   gut, bes|ser, am bes|ten: ein gutes Buch

H h

das **Haar**, die Haa|re
   ha|ben, ich ha|be, du hast, er hat, ihr habt, hat|te, hat ge|habt
 sie **half** ↗ hel|fen
der **Hals**, die Häl|se
 sie **hält** ↗ hal|ten
   hal|ten, ich hal|te, sie hält, hielt, hat ge|hal|ten
die **Hand**, die Hän|de
   han|deln, sie han|delt, han|del|te, hat ge|han|delt
das **Han|dy**, die Han|dys (Mobiltelefon)
   hän|gen, sie hängt, häng|te, hat ge|hängt:
   1. Sie hängte das Bild auf./es hängt, hing, hat ge|han|gen: 2. Das Bild hing an der Wand.
   hart, här|ter, am här|tes|ten: hartes Brot
der **Ha|se**, die Ha|sen
der **Hass**
 du **hast** ↗ ha|ben
 sie **hat** ↗ ha|ben
 sie **hat|te** ↗ ha|ben
   häu|fig: ein häufiger Fehler
das **Haus**, die Häu|ser
die **Haut**, die Häu|te
   he|ben: sie hebt, hob, hat ge|ho|ben
die **He|cke**, die He|cken
das **Heft**, die Hefte
   heiß: heißer Tee
   hei|ßen, er heißt, hieß, hat ge|hei|ßen
   hei|zen, er heizt, heiz|te, hat ge|heizt
die **Hei|zung**, die Hei|zun|gen
   hel|fen, ich hel|fe, sie hilft, half, hat ge|hol|fen: Hilf mir!
   hell: das helle Licht
das **Hemd**, die Hem|den
   he|raus
der **Herbst**
   he|rein
der **Herr**, die Her|ren
   her|stel|len, sie stellt her, stell|te her, hat her|ge|stellt
die **Her|stel|lung**, die Her|stel|lun|gen

   her|vor
das **Herz**, die Her|zen
   heu|te: heute Abend
die **He|xe**, die He|xen
 sie **hielt** ↗ hal|ten
   hier: hier und dort
 er **hieß** ↗ hei|ßen
die **Hil|fe**, die Hil|fen
 sie **hilft** ↗ hel|fen
der **Him|mel**
   hi|naus
das **Hin|der|nis**, die Hin|der|nis|se
   hi|nein
 es **hing** ↗ hän|gen
die **Hit|ze**
 sie **hob** ↗ he|ben
   hoch, hö|her, am höchs|ten: ein hohes Haus
   ho|cken, er hockt, hock|te, hat ge|hockt
der **Hof**, die Hö|fe
   hof|fen, er hofft, hoff|te, hat ge|hofft
   hof|fent|lich
die **Hoff|nung**
die **Hö|he**, die Hö|hen
   hohl: ein hohler Baum
die **Höh|le**, die Höh|len
   ho|len, er holt, hol|te, hat ge|holt
das **Holz**, die Höl|zer
   hö|ren, sie hört, hör|te, hat ge|hört
die **Ho|se**, die Ho|sen
der **Hund**, die Hun|de
   hun|dert
der **Hun|ger**
   hung|rig: ein hungriger Spatz
   hüp|fen, es hüpft, hüpf|te, hat ge|hüpft

I i

   ich
die **Idee**, die Ide|en
der **Igel**, die Igel
   ihm: Er hört ihm zu.
   ihn: Sie mag ihn sehr.
   ih|nen: Ich glaube ihnen (den Kindern).
   ihr, ih|re, ih|rer
   im (in dem): im Haus
   im|mer
   imp|fen, sie impft, impf|te, hat ge|impft
die **Imp|fung**, die Imp|fun|gen
   in: Sie wohnen in Berlin.
die **In|for|ma|ti|on**, die In|for|ma|ti|o|nen
   in|for|mie|ren, sie in|for|miert, in|for|mier|te, hat in|for|miert
   in|ter|es|sant: Das ist ein interessanter Film.
das **In|ter|es|se**, die In|ter|es|sen
   in|ter|na|ti|o|nal: eine internationale Schule
das **In|ter|net**
das **In|ter|view**, die In|ter|views
(sich) **ir|ren**, sie irrt (sich), irr|te (sich), hat (sich) ge|irrt
 er **isst** ↗ es|sen
 es **ist** ↗ sein: Es ist kalt.

J j

   ja
die **Ja|cke**, die Ja|cken
   ja|gen, sie jagt, jag|te, hat ge|jagt

das **Jahr**, die Jahre
die **Jahreszeit**, die Jahreszeiten
der **Januar**
    jemand: jemanden beschenken
    jetzt
die **Jugend**
    jugendlich: ein jugendliches Aussehen
der **Juli**
    jung, jünger, am jüngsten: das junge Baby
der **Junge**, die Jungen
der **Juni**

K k

der **Käfer**, die Käfer
der **Kaffee**, die Kaffees
der **Käfig**, die Käfige
der **Kalender**, die Kalender
    kalt, kälter, am kältesten: ein kalter Wind
die **Kälte**
  sie **kam** ↗ kommen
der **Kamin**, die Kamine
der **Kamm**, die Kämme
    kämmen, er kämmt, kämmte, hat gekämmt
der **Kampf**, die Kämpfe
  sie **kann** ↗ können
  sie **kannte** ↗ kennen
die **Karte**, die Karten
die **Kartoffel**, die Kartoffeln
der **Kasten**, die Kästen
das **Kätzchen**, die Kätzchen
die **Katze**, die Katzen
    kaufen, er kauft, kaufte, hat gekauft
der **Käufer**, die Käufer
    kein, keine, keiner
der **Keks**, die Kekse
    kennen, sie kennt, kannte, hat gekannt
die **Kiefer**, die Kiefern
das **Kind**, die Kinder
das **Kino**, die Kinos
die **Kirche**, die Kirchen
  es **klang** ↗ klingen
    klar: klares Wetter
die **Klasse**, die Klassen
der **Klee**
das **Kleid**, die Kleider
    klein: ein kleines Kind
    klettern, sie klettert, kletterte, ist geklettert
    klingen, es klingt, klang, hat geklungen
der **Kloß**, die Klöße
    klug, klüger, am klügsten: ein kluges Mädchen
das **Knie**, die Knie
    knistern, es knistert, knisterte, hat geknistert
der **Knopf**, die Knöpfe
die **Knospe**, die Knospen
    kochen, er kocht, kochte, hat gekocht
der **Koffer**, die Koffer
    kommen, sie kommt, kam, ist gekommen
der **Kompass**, die Kompasse
    können, sie kann, wir können, konnte, hat gekonnt
  sie **konnte** ↗ können
der **Kopf**, die Köpfe
der **Korb**, die Körbe
das **Korn**, die Körner
der **Körper**, die Körper

    kräftig: ein kräftiger Mensch
    krank, kränker, am kränksten: ein krankes Tier
die **Krankheit**, die Krankheiten
    kratzen, es kratzt, kratzte, hat gekratzt
der **Kreis**, die Kreise
das **Kreuz**, die Kreuze
    kreuzen, er kreuzt, kreuzte, hat/ist gekreuzt
die **Kreuzung**, die Kreuzungen
    kriechen, es kriecht, kroch, ist gekrochen
der **Krieg**, die Kriege
  es **kroch** ↗ kriechen
    krumm: eine krumme Treppe
die **Küche**, die Küchen
der **Kuchen**, die Kuchen
die **Kuh**, die Kühe
    kühl: ein kühler Tag
die **Kunst**, die Künste
die **Kurve**, die Kurven
    kurz, kürzer, am kürzesten: ein kurzer Zug
der **Kuss**, die Küsse
    küssen, er küsst, küsste, hat geküsst
die **Küste**, die Küsten

L l

    lachen, er lacht, lachte, hat gelacht
  er **lag** ↗ liegen
die **Lampe**, die Lampen
das **Land**, die Länder
    lang, länger, am längsten: ein langer Tag
    langsam: ein langsames Auto
der **Lärm**
    lärmen, er lärmt, lärmte, hat gelärmt
  er **las** ↗ lesen
    lassen, ich lasse, sie lässt, ließ, hat gelassen
  sie **lässt** ↗ lassen
das **Laub**
    laufen, ich laufe, er läuft, lief, ist gelaufen
der **Läufer**, die Läufer
  er **läuft** ↗ laufen
    laut: ein lauter Knall
der **Laut**, die Laute
    leben, sie lebt, lebte, hat gelebt
    lecken, er leckt, leckte, hat geleckt
    leer: ein leerer Bus
    legen, er legt, legte, hat gelegt
der **Lehrer**, die Lehrer
die **Lehrerin**, die Lehrerinnen
    leicht: leichte Arbeit
    leiden, er leidet, litt, hat gelitten
    leise: leise sein
    lenken, sie lenkt, lenkte, hat gelenkt
    lernen, sie lernt, lernte, hat gelernt
    lesen, ich lese, er liest, las, hat gelesen: Lies das Buch!
der **Leser**, die Leser
die **Leserin**, die Leserinnen
    letzter, letzte, letztes: ein letztes Mal
    leuchten, es leuchtet, leuchtete, hat geleuchtet
die **Leute**
das **Licht**, die Lichter
    lieb: ein liebes Kind
    lieben, sie liebt, liebte, hat geliebt
    liebenswürdig: eine liebenswürdige Frau
das **Lied**, die Lieder
  er **lief** ↗ laufen

liegen, er liegt, lag, hat gelegen
er liest ↗ lesen
sie ließ ↗ lassen
das Lineal, die Lineale
die Linie, die Linien
links
listig: ein listiger Fuchs
er litt ↗ leiden
das Loch, die Löcher
der Löffel, die Löffel
der Lohn, die Löhne
lösbar: ein lösbare Aufgabe
lösen, sie löst, löste, hat gelöst
die Lösung, die Lösungen
die Luft, die Lüfte

M m

machen, sie macht, machte, hat gemacht
das Mädchen, die Mädchen
er mag ↗ mögen
der Magnet, die Magnete(n)
der Mai
malen, er malt, malte, hat gemalt
die Mama, die Mamas
man: man sagt, man nehme …
manchmal: manchmal Pizza essen
der Mann, die Männer
das Märchen, die Märchen
markieren, er markiert, markierte, hat markiert
der Markt, die Märkte
der März
die Maschine, die Maschinen
das Maß, die Maße
er maß ↗ messen
die Maus, die Mäuse
Mecklenburg
das Medium, die Medien
das Meer, die Meere
mehr
mehrere
mein, meine, meiner
meist
melken, er melkt, molk, hat gemolken
die Menge, die Mengen
der Mensch, die Menschen
merken, sie merkt, merkte, hat gemerkt
messen, er misst, maß, hat gemessen
das Messer, die Messer
mich: Sie kennt mich.
die Miete, die Mieten
die Milch
mild: ein milder Winter
mir: Du hilfst mir.
er misst ↗ messen
mit
der Mittag, die Mittage
die Mitte, die Mitten
der Mittwoch, die Mittwoche
mixen, sie mixt, mixte, hat gemixt
er mochte ↗ mögen
er möchte ↗ mögen
mögen, er mag, er mochte, er möchte, mochte, hat gemocht
er molk ↗ melken
der Monat, die Monate

der Mond, die Monde
der Montag, die Montage
das Moos, die Moose
morgen: morgen Abend
die Mühe, die Mühen
der Müll
die Musik, die Musiken
sie muss ↗ müssen
müssen, sie muss, musste, hat gemusst
sie musste ↗ müssen
die Mutter, die Mütter
die Mutti, die Muttis
die Mütze, die Mützen

N n

nach: nach der Schule
der Nachbar, die Nachbarn
nächste: nächste Woche
die Nacht, die Nächte
nah: die nahe Stadt
die Nähe
nähen, er näht, nähte, hat genäht
er nahm ↗ nehmen
die Nahrung
die Naht, die Nähte
der Name, die Namen
das Namenwort (Substantiv), die Namenwörter
nämlich
die Nase, die Nasen
nass: eine nasse Pfütze
die Natur, die Naturen
natürlich: eine natürliche Umwelt
natürlich (selbstverständlich)
der Nebel, die Nebel
nehmen, ich nehme, er nimmt, nahm, hat genommen: Nimm ein Stück Obst!
neidisch: eine neidische Person
nein
das Nest, die Nester
neu: eine neue Puppe
neun
nicht: Ich weiß es nicht.
niemals
niemand
er nimmt ↗ nehmen
die Nixe, die Nixen
noch: noch einmal
der Norden
der November
die Nummer, die Nummern
nun
nur
die Nuss, die Nüsse
nutzen, er nutzt, nutzte, hat genutzt
nützlich: ein nützlicher Tipp

O o

oben: nach oben gehen
das Obst
oder: Obst oder Gemüse
offen: eine offene Tür
öffnen, sie öffnet, öffnete, hat geöffnet
ohne: ohne Worte
das Ohr, die Ohren

der **Oktober**
das **Öl**, die Öle
    ölig: eine ölige Schicht
die **Oma**, die Omas
der **Onkel**, die Onkel
der **Opa**, die Opas
    ordentlich: ein ordentliches Zimmer
die **Ordnung**, die Ordnungen
der **Ort**, die Orte
der **Osten**
das **Ostern**

P p

das **Paar**, die Paare
    paar: ein paar Minuten
das **Päckchen**, die Päckchen
    packen, sie packt, packte, hat gepackt
das **Paket**, die Pakete
der **Papa**, die Papas
das **Papier**, die Papiere
die **Pappe**, die Pappen
der **Park**, die Parks
der **Pass**, die Pässe
    passen, es passt, passte, hat gepasst
    pfeifen, sie pfeift, pfiff, hat gepfiffen
der **Pfiff**, die Pfiffe
sie **pfiff** ↗ pfeifen
die **Pflanze**, die Pflanzen
    pflanzen, sie pflanzt, pflanzte, hat gepflanzt
das **Pflaster**, die Pflaster
die **Pflaume**, die Pflaumen
    pflegen, er pflegt, pflegte, hat gepflegt
die **Pflicht**, die Pflichten
    pflücken, sie pflückt, pflückte, hat gepflückt
der **Pflug**, die Pflüge
die **Pfütze**, die Pfützen
der **Pilz**, die Pilze
der **Plan**, die Pläne
    planen, sie plant, plante, hat geplant
der **Platz**, die Plätze
    plötzlich: ein plötzlicher Regen
die **Post**
    prasseln, es prasselt, prasselte, hat geprasselt
    probieren, sie probiert, probierte, hat probiert
das **Problem**, die Probleme
das **Programm**, die Programme
    prüfen, sie prüft, prüfte, hat geprüft
der **Pudding**, die Puddinge/Puddings
der **Pullover**, die Pullover
der **Punkt**, die Punkte
    pünktlich: ein pünktlicher Beginn
die **Pünktlichkeit**
die **Puppe**, die Puppen
    putzen, er putzt, putzte, hat geputzt

Qu qu

das **Quadrat**, die Quadrate
    quaken, er quakt, quakte, hat gequakt
die **Qual**, die Qualen
    quälen, es quält, quälte, hat gequält
die **Qualle**, die Quallen
der **Qualm**
der **Quark**
der **Quatsch**

die **Quelle**, die Quellen
    quer: kreuz und quer
    quergestreift: ein quergestreifter Pullover
    quieken, es quiekt, quiekte, hat gequiekt
das **Quiz**, die Quiz

R r

das **Rad**, die Räder
das **Radio**, die Radios
der **Rand**, die Ränder
sie **rannte** ↗ rennen
    rasch: rasch zum Supermarkt laufen
    rasen, sie rast, raste, ist gerast
er **rät** ↗ raten
    raten, ich rate, er rät, riet, hat geraten
das **Rätsel**, die Rätsel
    rauben, sie raubt, raubte, hat geraubt
der **Raum**, die Räume
die **Raupe**, die Raupen
    rechnen, sie rechnet, rechnete, hat gerechnet
    rechts
    reden, sie redet, redete, hat geredet
der **Regen**
das **Reh**, die Rehe
    reich: ein reiches Land
    reif: der reife Apfel
die **Reihe**, die Reihen
die **Reise**, die Reisen
    reisen, sie reist, reiste, ist gereist
    reißen, sie reißt, riss, hat gerissen
die **Religion**, die Religionen
    rennen, sie rennt, rannte, ist gerannt
    retten, er rettet, rettete, hat gerettet
    richtig: eine richtige Antwort
    riechen, es riecht, roch, hat gerochen
sie **rief** ↗ rufen
er **riet** ↗ raten
der **Ring**, die Ringe
sie **riss** ↗ reißen
es **roch** ↗ riechen
der **Rock**, die Röcke
    rollen, er rollt, rollte, hat/ist gerollt
der **Roller**, die Roller
    rot: ein roter Ball
der **Rücken**, die Rücken
    rufen, sie ruft, rief, hat gerufen
die **Ruhe**
    ruhen, er ruht, ruhte, hat geruht
    rühren, sie rührt, rührte, hat gerührt
    rund: ein runder Ball

S s

der **Saal**, die Säle
die **Sache**, die Sachen
    säen, er sät, säte, hat gesät
der **Saft**, die Säfte
die **Säge**, die Sägen
    sagen, er sagt, sagte, hat gesagt
er **sah** ↗ sehen
das **Salz**, die Salze
der **Samen**, die Samen
    sammeln, er sammelt, sammelte, hat gesammelt
die **Sammlung**, die Sammlungen
der **Samstag**, die Samstage

der **Sand**
    san|dig: sandige Hände
  er **sang** ↗ sin|gen
der **Sän|ger**, die Sän|ger
die **Sän|ge|rin**, die Sän|ge|rin|nen
  es **sank** ↗ sin|ken
  er **saß** ↗ sit|zen
der **Satz**, die Sät|ze
    sau|ber: eine saubere Hose
    schaf|fen, sie schafft, schaf|fte, hat ge|schafft
der **Schal**, die Schals
    schä|len, er schält, schä|lte, hat ge|schält
der **Schall**
    schal|ten, sie schaltet, schal|te|te, hat ge|schal|tet
der **Schal|ter**, die Schal|ter
    scharf, schär|fer, am schärf|sten:
    ein scharfes Messer
der **Schat|ten**, die Schat|ten
    schau|en, sie schaut, schau|te, hat ge|schaut
    schei|nen, sie scheint, schien, hat ge|schie|nen
    schen|ken, er schenkt, schenk|te, hat ge|schenkt
die **Sche|re**, die Sche|ren
    schi|cken, sie schickt, schick|te, hat ge|schickt
    schie|ben: er schiebt, schob, hat ge|scho|ben
    schief: ein schiefer Turm
  sie **schien** ↗ schei|nen
das **Schiff**, die Schiffe
    schimp|fen, er schimpft, schimpfte, hat ge|schimpft
    schla|fen, ich schla|fe, er schläft, schlief,
    hat ge|schla|fen
  er **schläft** ↗ schla|fen
    schla|gen, ich schla|ge, sie schlägt, schlug,
    hat ge|schla|gen
  sie **schlägt** ↗ schla|gen
    schlecht: eine schlechte Aussicht
  er **schlief** ↗ schla|fen
    schlie|ßen, sie schließt, schloss, hat ge|schlos|sen
    schließ|lich: schließlich ankommen
der **Schlit|ten**, die Schlit|ten
    schlit|tern, sie schlit|tert, schlit|ter|te, ist ge|schlit|tert
das **Schloss**, die Schlös|ser
  sie **schloss** ↗ schlie|ßen
  sie **schlug** ↗ schla|gen
der **Schlüs|sel**, die Schlüs|sel
    schme|cken, es schmeckt, schmeck|te,
    hat ge|schmeckt
    schmel|zen, es schmilzt, sie schmel|zen, schmolz,
    ist ge|schmol|zen
der **Schmerz**, die Schmer|zen
    schmie|ren, sie schmiert, schmier|te,
    hat ge|schmiert
  es **schmolz** ↗ schmel|zen
    schmü|cken, sie schmückt, schmück|te,
    hat ge|schmückt
der **Schmutz**
    schmut|zig: eine schmutzige Hose
der **Schnee**
    schnei|den, er schnei|det, schnitt, hat ge|schnit|ten
    schnei|en, es schneit, schnei|te, hat ge|schneit
    schnell: ein schneller Zug
  er **schnitt** ↗ schnei|den
    schnü|ren, sie schnürt, schnür|te, hat ge|schnürt
  er **schob** ↗ schie|ben
    schon
    schön: ein schönes Kleid
    scho|nen, sie schont, schon|te, hat ge|schont

    schräg: eine schräge Wand
der **Schrank**, die Schrän|ke
der **Schreck**, die Schre|cke
    schrei|ben, er schreibt, schrieb, hat ge|schrie|ben
    schrei|en, sie schreit, schrie, hat ge|schrien
  sie **schrie** ↗ schreien
  er **schrieb** ↗ schrei|ben
die **Schrift**, die Schriften
der **Schuh**, die Schu|he
die **Schu|le**, die Schulen
der **Schü|ler**, die Schü|ler
die **Schü|le|rin**, die Schü|le|rin|nen
die **Schüs|sel**, die Schüs|seln
    schüt|teln, er schüt|telt. schüt|tel|te, hat ge|schüt|telt
der **Schutz**
    schüt|zen, sie schützt, schütz|te, hat ge|schützt
der **Schwamm**, die Schwäm|me
  sie **schwamm** ↗ schwim|men
der **Schwanz**, die Schwän|ze
    schwarz, schwär|zer, am schwär|zes|ten:
    schwarzer Tee
    schwe|ben, sie schwebt, schwe|be|te, ist ge|schwebt
    schwei|gen, sie schweigt, schwieg,
    hat ge|schwie|gen
    schwer: der schwere Koffer
die **Schwes|ter**, die Schwes|tern
  sie **schwieg** ↗ schweigen
    schwie|rig: eine schwierige Übung
    schwim|men, sie schwimmt, schwamm,
    hat/ist ge|schwom|men
    schwit|zen, er schwitzt, schwitz|te, hat ge|schwitzt
    sechs
der **See**, die Se|en
    se|hen, ich se|he, er sieht, sah, hat ge|se|hen
    sehr, sehr viel
  ihr **seid** ↗ sein
die **Sei|fe**, die Sei|fen
das **Seil**, die Sei|le
    sein, ich bin, du bist, er ist, wir sind, ihr seid,
    sie sind, er war, es wä|re, er ist ge|we|sen
    sein, seine, seiner
die **Se|kun|de**, die Se|kun|den
    selbst
    sen|ken, er senkt, sen|kte, hat ge|senkt
der **Sep|tem|ber**
(sich) **set|zen**, sie setzt (sich), setz|te (sich),
    hat (sich) ge|setzt
    sich: Er ruht sich aus.
    sie
    sie|ben: sieben Zwerge
    sie|ben, sie siebt, sieb|te, hat ge|siebt
    sie|gen, sie siegt, sieg|te, hat ge|siegt
  er **sieht** ↗ se|hen
  sie **sind** ↗ sein
    sin|gen, er singt, sang, hat ge|sun|gen
    sin|ken, es sinkt, sank, ist ge|sun|ken
    sit|zen, er sitzt, er saß
die **Skiz|ze**, die Skiz|zen
das **Smart|phone**, die Smartphones
    so
der **Sohn**, die Söh|ne
    sol|len, sie soll, sollte, hat ge|sollt
der **Som|mer**
der **Sonn|abend**, die Sonn|abende
die **Son|ne**, die Son|nen
der **Sonn|tag**, die Sonn|ta|ge

die **Sorge**, die Sorgen
die **Spannung**, die Spannungen
sparen, er spart, sparte, hat gespart
der **Spaß**, die Späße
spät: am späten Abend
spazieren, sie spaziert, spazierte, ist spaziert
der **Spaziergang**, die Spaziergänge
der **Speicherstick**, die Speichersticks
sperren, sie sperrt, sperrte, hat gesperrt
der **Spiegel**, die Spiegel
das **Spiel**, die Spiele
spielen, er spielt, spielte, hat gespielt
spitz: ein spitzer Stein
die **Spitze**, die Spitzen
der **Sport**
er **sprach** ↗ sprechen
sie **sprang** ↗ springen
sprechen, ich spreche, er spricht, sprach, hat gesprochen
er **spricht** ↗ sprechen
springen, sie springt, sprang, ist gesprungen
spritzen, es spritzt, spritzte, hat/ist gespritzt
spülen, er spült, spülte, hat gespült
die **Spur**, die Spuren
der **Staat**, die Staaten
das **Stadion**, die Stadien
die **Stadt**, die Städte
der **Stamm**, die Stämme
sie **stand** ↗ stehen
die **Stange**, die Stangen
stark, stärker, am stärksten: ein starker Mensch
sie **starb** ↗ sterben
starren, er starrt, starrte, hat gestarrt
starten, er startet, startete, hat/ist gestartet
staunen, er staunt, staunte, hat gestaunt
stehen, sie steht, stand, hat gestanden
steigen, er steigt, stieg, ist gestiegen
der **Stein**, die Steine
stellen, sie stellt, stellte, hat gestellt
sterben, sie stirbt, starb, ist gestorben
der **Stern**, die Sterne
das **Steuer**, die Steuer
steuern, sie steuert, steuerte, hat gesteuert
der **Stiefel**, die Stiefel
er **stieg** ↗ steigen
der **Stiel**, die Stiele
der **Stift**, die Stifte
still: ein stiller Ort
die **Stimme**, die Stimmen
stimmen, es stimmt, stimmte, hat gestimmt
sie **stirbt** ↗ sterben
der **Stock**, die Stöcke
der **Stoff**, die Stoffe
stören, es stört, störte, hat gestört
der **Strand**, die Strände
die **Straße**, die Straßen
der **Strauch**, die Sträucher
der **Strauß**, die Sträuße
streichen, sie streicht, strich, hat gestrichen
sie **strich** ↗ streichen
streiten, er streitet, stritt, hat gestritten
er **stritt** ↗ streiten
das **Stroh**
der **Strom**, die Ströme
strömen, es strömt, strömte, ist geströmt
das **Stück**, die Stücke

der **Stuhl**, die Stühle
stumm: ein stummer Hinweis
stumpf: ein stumpfes Messer
die **Stunde**, die Stunden
der **Sturm**, die Stürme
stürmisch: ein stürmischer Wind
stürzen, er stürzt, stürzte, ist gestürzt
das **Substantiv** (Namenwort), die Substantive
suchen, sie sucht, suchte, hat gesucht
der **Süden**
die **Suppe**, die Suppen
surfen, sie surft, surfte, ist gesurft
süß: der süße Kuchen
die **Süßigkeit**, die Süßigkeiten

T t

der **Tablet-PC**, die Tablet-PC(s)
die **Tafel**, die Tafeln
der **Tag**, die Tage
die **Tanne**, die Tannen
die **Tante**, die Tanten
tanzen, er tanzt, tanzte, hat/ist getanzt
tapfer: ein tapferes Mädchen
die **Tasche**, die Taschen
die **Tasse**, die Tassen
er **tat** ↗ tun
das **Tätigkeitswort** (Verb), die Tätigkeitswörter
tausend: tausend Meter laufen
das **Taxi**, die Taxis
die **Technik**, die Techniken
der **Teddy**, die Teddys
der **Tee**, die Tees
das **Telefon**, die Telefone
der **Teller**, die Teller
die **Temperatur**, die Temperaturen
teuer, teurer, am teuersten: ein teures Buch
der **Text**, die Texte
das **Theater**, die Theater
das **Thermometer**, die Thermometer
der **Thermostiefel**, die Thermostiefel
tief: die tiefe Schlucht
das **Tier**, die Tiere
der **Tiger**, die Tiger
der **Tisch**, die Tische
die **Tochter**, die Töchter
der **Topf**, die Töpfe
er **traf** ↗ treffen
tragen, ich trage, er trägt, trug, hat getragen
er **trägt** ↗ tragen
trainieren, er trainiert, trainierte, hat trainiert
die **Träne**, die Tränen
sie **trank** ↗ trinken
sie **trat** ↗ treten
der **Traum**, die Träume
träumen: er träumt, träumte, hat geträumt
treffen: ich treffe, er trifft, traf, hat getroffen
treten: ich trete, sie tritt, trat, hat/ist getreten
treu: ein treuer Hund
die **Treue**
er **trifft** ↗ treffen
trinken, sie trinkt, trank, hat getrunken
sie **tritt** ↗ treten
trocken: ein trockener Sommer
tropfen: es tropft, tropfte, hat/ist getropft
tröpfeln, es tröpfelt, tröpfelte, hat getröpfelt

trot|zen: er trotzt, trotz|te, hat ge|trotzt
trüb: ein trüber Herbst
er trug ↗ tra|gen
das Tuch, die Tü|cher
tun, er tut, tat, hat ge|tan
die Tür, die Tü|ren
turnen, sie turnt, turn|te, hat/ist ge|turnt
die Tü|te, die Tü|ten

U u

üben, er übt, üb|te, hat ge|übt
über
über|ra|schen, er über|rascht, über|rasch|te,
hat über|rascht
die Über|ra|schung, die Über|ra|schun|gen
die Übung, die Übun|gen
die Uhr, die Uh|ren
um
um|keh|ren, sie kehrt um, kehr|te um,
ist um|ge|kehrt
und
un|ge|fähr: eine ungefähre Uhrzeit
uns
un|ser, un|se|re, un|se|res
un|ten: unten im Schrank
un|ter: unter dem Tisch
der Un|ter|richt
un|ter|schei|den, sie un|ter|schei|det, un|ter|schied,
hat un|ter|schie|den
der Un|ter|schied, die Un|ter|schie|de
sie un|ter|schied ↗ un|ter|schei|den
hat un|ter|schie|den ↗ un|ter|schei|den
der Ur|laub, die Ur|lau|be

V v

die Va|se, die Va|sen
der Va|ter, die Vä|ter
das Ven|til, die Ven|ti|le
das Verb, die Ver|ben
ver|bie|ten, er ver|bie|tet, ver|bot, hat ver|boten
er ver|bot ↗ ver|bie|ten
hat ver|bo|ten ↗ ver|bie|ten
hat ver|bracht ↗ ver|brin|gen
sie ver|brach|te ↗ ver|brin|gen
hat ver|brannt ↗ ver|bren|nen
er ver|brann|te ↗ ver|bren|nen
ver|brau|chen, er ver|braucht, ver|brauch|te,
hat ver|braucht
ver|bren|nen, er ver|brennt, ver|brann|te,
hat ver|brannt
ver|brin|gen, sie ver|bringt, ver|brach|te,
hat ver|bracht
der Ver|ein, die Ver|ei|ne
er ver|gaß ↗ ver|ges|sen
ver|ges|sen, ich ver|ges|se, er ver|gisst, ver|gaß,
hat ver|ges|sen
er ver|gisst ↗ ver|ges|sen
der Ver|käu|fer, die Ver|käu|fer
die Ver|käu|fe|rin, die Ver|käu|fe|rin|nen
der Ver|kehr
(sich) ver|klei|den, sie ver|klei|det (sich),
ver|klei|de|te (sich), hat (sich) ver|klei|det

(sich) ver|knack|sen, sie ver|knackst sich,
ver|knack|ste, hat sich ver|knackst
(verstauchen)
ver|let|zen, er ver|letzt, ver|letz|te, hat ver|letzt
(sich) ver|lie|ben, er ver|liebt (sich), ver|lieb|te (sich),
hat (sich) ver|liebt
ver|lie|ren, er ver|liert, ver|lor, hat ver|lo|ren
er ver|lor ↗ ver|lie|ren
hat ver|lo|ren ↗ ver|lie|ren
ver|pa|cken, er ver|packt, ver|pack|te, hat ver|packt
ver|schmut|zen, sie ver|schmutzt, ver|schmutz|te,
hat ver|schmutzt
die Ver|schmut|zung, die Ver|schmut|zun|gen
ver|spei|sen, er ver|speist, ver|speis|te, hat ver|speist
sie ver|sprach ↗ ver|spre|chen
ver|spre|chen, sie ver|spricht, ver|sprach,
hat ver|spro|chen
sie ver|spricht ↗ ver|spre|chen
hat ver|spro|chen ↗ ver|spre|chen
ver|su|chen, sie ver|sucht, ver|such|te, hat ver|sucht
ver|wandt: eine verwandte Person
ver|wech|seln, sie ver|wech|selt, ver|wech|sel|te,
hat ver|wech|selt
viel, mehr, am meis|ten: viele Monate
viel|leicht
vier
vier|zig
vio|lett: eine violette Farbe
der Vo|gel, die Vö|gel
voll: ein voller Teller
voll|stän|dig: ein vollständiger Bericht
vom
von
vor
vo|raus
vor|be|rei|ten, sie be|rei|tet vor, be|rei|te|te vor,
hat vor|be|rei|tet
die Vor|fahrt
Vor|pom|mern
die Vor|sicht
vor|sich|tig: ein vorsichtiger Schritt
(sich) vor|stel|len: sie stellt (sich) vor, stell|te (sich) vor,
hat (sich) vor|ge|stellt

W w

die Waa|ge, die Waa|gen
wa|chen: er wacht, wach|te, hat ge|wacht
wach|sen, sie wächst, wuchs, ist ge|wach|sen
sie wächst ↗ wach|sen
der Wa|gen, die Wa|gen
die Wahl, die Wah|len
wäh|len, sie wählt, wähl|te, hat ge|wählt
wäh|rend
der Wald, die Wäl|der
wann
ich war ↗ sein
ich wä|re ↗ sein
sie warf ↗ werfen
warm, wär|mer, am wärms|ten: das warme Wasser
die Wär|me
war|ten, sie war|tet, war|te|te, hat ge|war|tet
was: Was magst du?
die Wä|sche
wa|schen, er wäscht, wusch, hat ge|wa|schen:
Wasch die Wäsche!

er **wäscht** ↗ wa·schen
das **Was·ser**
    wech·seln, sie wech·selt, wech·sel·te,
    hat ge·wech·selt
    we·cken, sie weckt, weck·te, hat ge·weckt
der **Weg**, die We·ge
    we·hen, er weht, weh·te, hat ge·weht
    weich: das weiche Fell
das **Weih·nach·ten**
der **Weih·nachts·baum**, die Weih·nachts·bäu·me
    weiß: der weiße Schnee
sie **weiß** ↗ wis·sen
    weit: ein weiter Weg
    welch, wel·cher, wel·che, wel·ches
die **Welt**, die Wel·ten
    wem: Wem gehört das?
    wen: Wen magst du?
(sich) **wen·den**, er wen·det (sich), wen·de·te/
    wand·te (sich), hat (sich) ge·wen·det/ge·wandt
    wenn
    wer: Wer hilft mir?
    wer·den, sie wird, wur·de, ist ge·worden
    wer·fen, ich werfe, sie wirft, warf, hat ge·wor·fen
das **Werk**, die Wer·ke
der **Wes·ten**
das **Wet·ter**
    wich·tig: eine wichtige Nachricht
    wie: so lang wie ein Baum
    wie·der: wieder einmal
(sich) **wie·gen**, er wiegt sich, wieg·te (sich),
    hat (sich) ge·wiegt
    wie·gen, sie wiegt, wog, hat ge·wo·gen
die **Wie·se**, die Wie·sen
    wild: ein wildes Tier
die **Wild·nis**, die Wild·nis·se
sie **will** ↗ wol·len
der **Wind**, die Win·de
der **Win·ter**
    wir
sie **wird** ↗ wer·den
sie **wirft** ↗ wer·fen
    wirk·lich: Ist das wirklich wahr?
    wi·schen, er wischt, wisch·te, hat ge·wischt
    wis·sen, sie weiß, wuss·te, hat ge·wusst
    wit·zig: eine witzige Geschichte
    wo
die **Wo·che**, die Wo·chen
sie **wog** ↗ wie·gen
    woh·nen, er wohnt, wohn·te, hat ge·wohnt
die **Wol·ke**, die Wol·ken
    wol·len, sie will, woll·te, hat ge·wollt
das **Wort**, die Wör·ter, die Wor·te
sie **wuchs** ↗ wach·sen
    wun·der·bar: ein wunderbarer Augenblick
der **Wunsch**, die Wün·sche
    wün·schen, er wünscht, wünsch·te, hat ge·wünscht
sie **wur·de** ↗ wer·den
die **Wur·zel**, die Wur·zeln
er **wusch** ↗ wa·schen
sie **wuss·te** ↗ wis·sen

X x

die **X-Bei·ne**
    x-be·lie·big: an einem x-beliebigen Tag
    x-mal
das **Xy·lo·phon**, die Xy·lo·pho·ne

Y y

die **Yacht** *auch*: Jacht, die Yach·ten
der/das **Yak**, die Yaks
der/das **Ye·ti**, die Ye·tis
der/das **Yo·ga** *auch*: Joga
das **Yp·si·lon**, die Yp·si·lons (Buchstabe: Y)

Z z

die **Zahl**, die Zah·len
    zäh·len, er zählt, zähl·te, hat ge·zählt
der **Zahn**, die Zäh·ne
    zan·ken, er zankt, zank·te, hat ge·zankt
die **Ze·he**, die Ze·hen
    zehn
    zeich·nen, er zeich·net, zeich·ne·te, hat ge·zeich·net
    zei·gen, sie zeigt, zeig·te, hat ge·zeigt
die **Zeit**, die Zei·ten
die **Zei·tung**, die Zei·tun·gen
die **Zen·sur**, die Zen·su·ren
    zer·le·gen, er zer·legt, zer·leg·te, hat zer·legt
das **Zeug·nis**, die Zeug·nis·se
    zie·hen, er zieht, zog, hat ge·zo·gen
das **Ziel**, die Zie·le
    zier·lich: ein zierlicher Mensch
das **Zim·mer**, die Zim·mer
der **Zir·kel**, die Zir·kel
er **zog** ↗ zie·hen
der **Zoo**, die Zoos
    zu: zu Ende
der **Zu·cker**
der **Zug**, die Zü·ge
die **Zu·kunft**
    zu·künf·tig: die zukünftige Schule
    zu·letzt
    zum: zum Bahnhof fahren
    zur: zur Schule gehen
    zu·rück
er **zwang** ↗ zwin·gen
    zwar: Es ist zwar schön, aber auch laut.
    zwei
die **Zwie·bel**, die Zwie·beln
    zwin·gen, er zwingt, zwang, hat ge·zwun·gen
    zwölf

Sprache und Sprachgebrauch untersuchen	Richtig schreiben/Rechtschreiben	Projekte/fächerübergreifende Ideen
Wiederholung Zeitformen von **Verben**: **Präsens**, **Präteritum** (8); das Perfekt kennen lernen (9)	**Wörter mit ch** wiederholen: ich- und ach-Laut erkennen; **Wortstamm als Strategie** zur Rechtschreibung nutzen (12) **Adjektive mit Wortbausteinen**: abgeleitete Adjektive mit -ig, -lich, -isch, -bar, -los, -sam erkennen und bilden; **Laufdiktat** wiederholen (Übungstext) (13)	Kalender für das Schuljahr gestalten, Projekte planen, Patenschaften für eine 1. Klasse übernehmen
Wiederholung **Satzglieder**: **Satzkern**, **Satzergänzungen** (16); Substantive in den vier Fällen kennen lernen (17); die **vier Fälle des Substantivs** erkennen und danach fragen (18); **Adjektivkomposita** kennen lernen (19)	**Wörter mit doppelten Konsonanten** wiederholen: Vokallängen hören, Wörter in Silben trennen, die **Wortfamilie als Strategie** für die Rechtschreibung nutzen (22) **Wörter mit Sch/sch** wiederholen: im Wörterbuch nachschlagen; die Wortfamilie als Strategie für die Rechtschreibung nutzen, den Wortstamm erkennen; **Partner- und Fragediktat** wiederholen (Übungstext) (23)	ein Herbstfest planen und durchführen; Herbstrezepte für ein Fest sammeln und ausprobieren; ein Rezeptbuch herstellen; Tiere im Herbst beobachten, informative Texte am Computer schreiben und gestalten, eine Kartei erstellen
Zeitformen von Verben kennen lernen: **Futur**; Signalwörter für das Futur finden (26); das Futur im Satz verwenden (27)	**Wörter mit Umlauten oder Zwielauten** wiederholen: im Wörterbuch nachschlagen, **Wortfamilien als Strategie** für die Rechtschreibung nutzen; Wörter mit Äu/äu oder Eu/eu unterscheiden (30) **Wörter mit aa, ee, oo** wiederholen: Komposita erkennen und bilden, Wiederholung Bestimmungs- und Grundwort; Wortbedeutung zur richtigen Schreibung nutzen; **Würfeldiktat** wiederholen (Übungstext) (31)	einen Klassenbriefkasten herstellen; Vorlagen für Träume- und Wunschbücher am Computer erstellen; interessante/außergewöhnliche Berufe kennen lernen; Personen einladen, die von ihren Berufen erzählen
die vier Fälle des Substantivs wiederholen (34); einen **Satzbauplan** kennen lernen; Satzergänzungen kennen lernen: **Dativ- und Akkusativobjekt** (35)	**Wörter mit ng oder nk** wiederholen: Wörter identifizieren, verwandte Wörter und Reimwörter finden, Wortumrisse erkennen, **Wortstamm/Wortfamilie als Strategie** zur Rechtschreibung nutzen (40) **Wörter mit Pf/pf** wiederholen: Stolperstellen erkennen und markieren; Komposita bilden; im richtigen Fall einsetzen; **Klapp- oder Dosendiktat** wiederholen (Übungstext) (41)	Fabeln lesen und darstellen; in regelmäßigen Abständen gemeinsame Wertschätzungsrunden durchführen; eine Ermutigungswand basteln ein Märchenprojekt durchführen: Märchen(szenen) aufführen, selbst geschriebene Märchen vorlesen, ein Klassenmärchenbuch zusammenstellen, Märchenrätsel mithilfe passender Märchengegenstände erstellen
Zeitformen des Verbs (Präsens, Präteritum, Perfekt) wiederholen; Verben mit starkem und schwachem Wortstamm wiederholen (45); das **Komma bei Aufzählungen** richtig setzen (46); **Kommasetzung bei Konjunktionen** (denn, weil, damit) richtig verwenden (47)	**Wörter mit Sp/sp oder St/st** am Wortanfang oder am Wortstammende wiederholen: Aussprache am Wortanfang und in der Wortmitte, Zeitformen der Verben bilden, Wörter in Silben trennen (48) **Wörter mit V/v** wiederholen: Lautunterscheidung wiederholen (v wie w oder v wie f); Verben mit Wortbausteinen ver- und vor- bilden, von Verben Substantive mit -ung ableiten; **Laufdiktat** wiederholen (Übungstext) (49)	Winterrezepte – auch aus anderen Ländern – sammeln und ausprobieren; ein Winterfest feiern; Wintermärchen lesen und spielen; eigene Märchen in einem Klassenmärchenbuch sammeln
Wiederholung: **mit Adjektiven vergleichen** und **Adjektive steigern** (52); Wiederholung Konjunktionen (56)	**Wörter mit ss oder ß** wiederholen: **verwandte Wörter als Strategie** für die Rechtschreibung nutzen; Reimwörter finden, Vokallängen hören und sprechen, Zeitformen von Verben bilden, die Schreibung von Wörtern mit ss oder ß begründen; **Fragediktat** wiederholen (Übungstext) (58/59)	ein Schattentheater aufführen; Sprachspiele sammeln und spielen; Wissen über Haustierhaltung sammeln und einen Test zusammenstellen: „Welcher Haustier-Typ bin ich?"
Mundart verstehen, regionale Unterschiede und Gemeinsamkeiten erkennen (62); **Präpositionen bei Substantiven im 3. und 4. Fall** verwenden (64); fallrichtiges Sprechen und Schreiben bei Orts- und Richtungsangaben; Einführung der adverbialen Bestimmung des Ortes (65)	**Wörter b, d, g am Wortstammende oder Wortende** wiederholen: **Wortverlängerung als Strategie** zur Rechtschreibung nutzen (Mehrzahlbildung von Substantiven, Steigerung von Adjektiven, Grundform von Verben); Wortumrisse erkennen; Verben mit den Wortbausteinen ver- und aus- schreiben; Reimwörter finden; **Würfeldiktat** wiederholen (Übungstext) (68/69)	den Heimatort erkunden und eine Kartei über Sehenswürdigkeiten anlegen; Tipps über Freizeitangebote austauschen; eine Wandzeitung erstellen

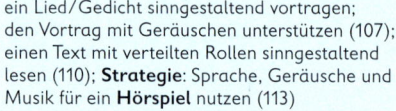

Sprache und Sprachgebrauch untersuchen

Wiederholung der **wörtlichen Rede** mit vorangestelltem Begleitsatz; **Wortfeld** sagen (73); **adverbiale Bestimmungen des Ortes und der Zeit** kennen lernen (74); Orts- und Zeitangaben erfragen (74/75); Wiederholung Satzbauplan (75); **Adjektive: Vergleiche** mit „so … wie", „… als" (74); **Steigerungsstufen** von Adjektiven kennen lernen (75); Prädikate im Satz einsetzen (76); Prädikate im Satz identifizieren (77)

Wiederholung **Subjekt** und zweiteiliges **Prädikat**; **Wortfelder** Vogel und singen (82); die **Aufforderungsform** des Verbs bilden (84/85); Satzzeichen der verschiedenen **Satzarten** wiederholen (86)

Wiederholung der adverbialen Bestimmungen der Zeit und des Ortes (90); verschiedene Satzarten aus Satzgliedern bilden; Wiederholung des erweiterten Satzbauplans (91); Wiederholung der **wörtlichen Rede** mit **vorangestelltem und nachgestelltem Begleitsatz** (92); den **Begleitsatz zwischen der wörtlichen Rede** kennen lernen (93)

Wiederholung der Satzarten (101); Substantive mit -heit, -keit, -nis, -ung aus Verben und Adjektiven ableiten (104)

Wortfeld sagen wiederholen (111); Komposita bilden (114); Wortarten wiederholen (115)

Wortfelder zu den Sinnen bilden (119); Substantive mit -ung von Verben ableiten; das Präteritum und Perfekt von Verben wiederholen (122); Gegensatzpaare von Adjektiven bilden (123)

Wiederholung **Substantive**: bestimmter und unbestimmter Artikel; Komposita; Substantive mit -heit, -keit, -nis, -ung; die vier Fälle des Substantivs; Substantivprobe (126); Wiederholung **Adjektive**: Vergleiche und Steigerungsstufen; Adjektive mit -ig, -lich, -isch, bar, -los, -sam; Adjektivprobe (127); Wiederholung **Verben**: Personalformen; Zeitformen Präsens; Verben mit Wortbausteinen (128); Wiederholung **Zeitformen der Verben**: Präteritum, Perfekt, Futur (129); Wiederholung **Satzarten** und **wörtliche Rede** mit Begleitsätzen (130); Wiederholung **Satzglieder** und **Satzbauplan**: Umstellprobe, Dativ- und Akkusativobjekt, adverbiale Bestimmungen der Zeit und des Ortes (131)

Richtig schreiben/Rechtschreiben

Wörter mit langem Vokal wiederholen: Wörter in Sinnzusammenhängen verwenden; Vokallängen hören und sprechen; **deutliches Mitsprechen als Strategie** zur Rechtschreibung nutzen (78)
Wörter a/ä oder au/äu wiederholen: **Wortfamilie und Wortstamm** als **Strategie** zur Rechtschreibung nutzen; **Partnerdiktat** wiederholen (Übungstext) (79)

Wörter mit ie wiederholen: **verwandte Wörter als Strategie** zur Rechtschreibung nutzen (86)
Wörter mit h nach langem Vokal wiederholen: **Wortfamilien** als **Strategie** zur Rechtschreibung nutzen; **Dosendiktat** wiederholen (Übungstext) (87)

Wörter mit ck oder k wiederholen: Wörter ordnen; Regelwissen wiederholen bei Wörtern mit lk, nk, rk; Wörter in Silben trennen; Wortstamm mit verändertem Stammvokal erkennen (94)
Wörter mit tz oder z wiederholen: **verwandte Wörter** als **Strategie** zur Rechtschreibung nutzen; Sätze mit wörtlicher Rede bilden, Zeichensetzung der wörtlichen Rede wiederholen; Regelwissen wiederholen bei Wörtern mit lz, nz, rz; **Frage- oder Klappdiktat** wiederholen (Übungstext) (95)

Substantive mit -heit, -keit, -nis oder -ung: Wortgruppen bilden, Adjektive erkennen, Rätsel schreiben (104)
Besondere Wörter: Substantive in der Einzahl und Mehrzahl schreiben; das Wörterbuch nutzen; Komposita bilden; **Würfeldiktat** wiederholen (Übungstext) (105)

Wörter mit chs, cks, ks oder x: Wörter mit verschiedenen Strategien einprägen; einen Text ergänzen (104)
Wörter mit Qu/qu: nach Wortarten ordnen, eine Geheimbotschaft entschlüsseln **Würfeldiktat** wiederholen (Übungstext) (115)

Wörter mit doppelten Konsonanten wiederholen: Wortumrisse erkennen, Wörter mit ss oder ß richtig verwenden; Komposita bilden; **Wortfamilien** bilden und als **Strategie** zur Rechtschreibung nutzen; **Frage- oder Dosendiktat** wiederholen (Übungstext) (122/123)

Wiederholung **Rechtschreibstrategien**: Stolperwörter markieren, silbenweises Sprechen, deutlich mitsprechen und Vokallänge hören, verwandte Wörter finden, verlängern, nachschlagen (132)

Projekte/fächerübergreifende Ideen

Informationen über interessante Persönlichkeiten sammeln und dazu eine Wandzeitung, ein Quiz oder eine Kartei erstellen; Eulenspiegelgeschichten aus anderen Kulturen sammeln (Nasreddin, Dschuha, Abu Nuwas, Hersch Ostropoler, Pak Pandir …)

Musikinstrumente aus Gebrauchsgegenständen herstellen und Gedichte/eigene Texte vertonen; Frühlingsgärten in Schalen gestalten

ein Weltall-Projekt durchführen, Modelle des Sonnensystems basteln; eine Sternwarte besuchen; Informationen über die Kinderrechte sammeln; Schriften anderer Länder vergleichen und Schriftzeichen malen

ein Technikmuseum besuchen; ein Zeitungsprojekt planen; Spiele mit Zeitungen spielen; die Redaktion einer Zeitung besuchen

Kinderkrimis und Detektivgeschichten lesen und vorstellen; ein Hörspiel herstellen; Fingerabdrücke nehmen und vergleichen

Spiele für draußen sammeln und eine Sommerolympiade veranstalten

Regelmäßig wiederkehrende Anforderungen wie die Arbeit mit dem Wörterverzeichnis und dem Wörterbuch, das Lesen und Verstehen von Arbeitsanweisungen sowie die Arbeit mit den Sammelwörtern in den Wörterleisten sind in der tabellarischen Übersicht nicht mit aufgenommen worden.

Sprach*freunde* 4

Ausgabe Süd

Erarbeitet von
Katharina Förster, Solveig Haugwitz, Kathrin Knutas, Karin Kühne, Peter Sonnenburg

Unter Einbeziehung der Ausgabe von
Heike Bonas, Dorothea Czarnetzki, Antje Delonge, Regina Fliegel, Peter Sonnenburg

Unter Beratung von
Carmen Blätter (Schöneiche), Dagmar Diewald (Rositz), Melanie Föhrigen (Dessau),
Jenny Glase (Berlin), Heike Redel (Berlin), Kerstin Wehlend (Biederitz)

Redaktion Mirjam Löwen, Jutta Wild

Illustrationen Barbara Schumann, Katja Wehner, Uta Bettzieche (Hund + Detektiv, Kapitelvignetten),
Liliane Oser (Aufgabenvignetten)

Umschlaggestaltung tritopp, Berlin, Barbara Schumann (Illustration)

Layout und technische Umsetzung tritopp, Berlin

www.cornelsen.de

Soweit in diesem Lehrwerk Personen fotografisch abgebildet sind und ihnen von der Redaktion fiktive Namen,
Berufe, Dialoge und Ähnliches zugeordnet oder diese Personen in bestimmte Kontexte gesetzt werden, dienen diese
Zuordnungen und Darstellungen ausschließlich der Veranschaulichung und dem besseren Verständnis des Inhalts.

Aus didaktischen Gründen wurden Texte gekürzt/verändert.

Die Webseiten Dritter, deren Internetadressen diesem Lehrwerk angegeben sind,
wurden vor Drucklegung sorgfältig geprüft. Der Verlag übernimmt keine Gewähr
für die Aktualität und den Inhalt dieser Seiten oder solcher, die mit ihnen verlinkt sind.

1. Auflage, 6. Druck 2023

Alle Drucke dieser Auflage sind inhaltlich unverändert
und können im Unterricht nebeneinander verwendet werden.

Druck: Mohn Media Mohndruck, Gütersloh

ISBN 978-3-06-083659-8 (Schülerbuch)
ISBN 978-3-06-084034-2 (E-Book)